運を動かせ

杉山大輔

Discover
ディスカヴァー

はじめに

「行動」をしなければ、あなたの現実が変わることはありません。

何事においても意思決定をすること。運動は「運」を「動かす」ことです。

行動をすれば自然と運は動きます。行動することで運を引き寄せなければならないのです。

運を動かすためにどのようにするのか？


本書がそのヒントになることを期待しています。

「できるか」「できないか」ではなく、「できそうな気を持つこと」が最初のステップです。

「運」は待っていてもやってきません。動くほど「幸運」がやってくる！

自分の運を動かせ！

杉山大輔

運を動かせ　INDEX

この本は最初から順に読んでいってくださっても結構ですし、
以下の６つのテーマ別に、興味のある項目からお読みになるのもいいと思います。
各項目は右ページをテーマ別に色分けしてあります。

成功の方程式

ここから始めよう

モチベーション

チャンスをつかむ

人間関係

トラブル対処・失敗から学ぶ

1

気づけ！　動け！

3つの傾向。

1　気づかない人　3流

2　気づいてやらない人　2流

3　気づいてやる人　1流

1　言われないと動かない人　3流

2　言われて動く人　2流

3　言われないで動く人　1流

何かをやれと言われるまで待つな。

30歳は一塁
10年スパンで人生を考える

私は30歳を一塁だと考えています。これまで大学や新卒対象(比較的若い世代)の講演会やセミナーなどで、「30歳は一塁＝Design Your Identity」をテーマにやってきました。もともと、「三十にして立つ」という孔子の考えを参考にしたものです。

野球の一塁は滑り込んでも、走り抜けてもセーフです。一塁を30歳までに駆け抜けないかぎり、40歳で二塁に行くことはできません。また二塁は一人では進めないというのが持論です。つまり、仲間がいないと二塁には進めないということ。自分勝手の一塁を目指したところで仲間がいなければだめなのです。そして二塁を目指す時はタイミングを考える必要があります。

三塁は50歳です。さらに動きを慎重に考える必要がありますが、適宜変化に対応することです。ホームベースは60歳。還暦を迎えてホームベースを踏みます。そのあとは30歳で一塁を目指す後輩を育成することが大事だと思います。自分もそのようにするつもりです。人生を10年スパンで考えると、今の自分の立ち位置がわかります。

3

他の誰よりも自分を信じろ

自分が自分のことを信じていなければ、誰が自分のことを信じてくれるでしょうか？根拠のない自信でもいいのです。自信のための自己投資ほど自分に返ってくるものはありません。誰よりも自分で自分を応援しましょう。

好きなアイドルのために、徹夜してライブに並んで、すべての曲を購入して、ファンクラブに入り、情報をネットで集めたりする人もいます。このエネルギーを自分自身に使うことが大切です。

当たり前ですが、自分の人生の主人公は自分です。自分を応援して、時間を自分の人生のために振り分けたほうがいい。自分の財産は自分自身です。そのための自己投資を３６５日毎日、生きている年数、続けることで、たとえどんなことが起きても自分で対応することができるようになります。

そして、仲間も自分の財産の重要な一部です。所属している会社から離れたときに自分にどれだけの人がついてくるのか？　それがポイントです。地位をなくしても、肩書きがなくなっても、自分というブランドと特徴があればまた頑張ることができる。そこに仲間が加われば、怖いものはありません。

そのような人は世界中のどこに行っても、どんな職種・職業でも怖いものはないはずです。物質的なものよりも、学んで頭の中に入れた知識や、体験を通して得た経験こそが最も重要な財産になります。

4

相手が小学校３年生だと思って説明する
簡単なことを複雑に言うのは頭の悪い人
複雑なことを簡単に説明するのが頭のいい人

アメリカで最も高い弁護士報酬をもらっている弁護士は、「私を小学校3年生だと思って説明してください」と言うそうです。つまり、難しい法律用語を使うのではなく、わかりやすい言葉でシンプルに伝えるのが大切だということ。物事の本質はシンプルなのです。

小学校3年生は9歳です。どの言語でも9歳レベルの会話力があれば、日常生活は過ごすことができます（つまり英語を話したいのであれば、小学校3年生レベルを一つの基準にすることです）。

これまで多くの人と接してきて思ったのは、複雑なことをシンプルに伝える人、簡単なことを複雑に伝える人の二通りいるということです。あなたはどちらでしょうか？

5

夢を守れ
そして決定よりも決断を

最近ある結論に達しました。それは、自分の夢があるなら死守しろということ。夢ややりたいことを批判したり、それはダメだよ、前例がないから、これまではこうだったなどと言う人に限って自分ができないから言っているだけ。つまり変化を受け入れられない、変化に対応できない人ってこと。

自分の夢や目標があるならそれを守ること。聞かない力を持つことも大事です。

もちろん夢や目標に向かって努力をすることが前提です。最近多くの後輩などから相談を受けますが、人生は一度きり、やりたいことをやれとアドバイスしています。

人に言われてからの行動は失敗した時に言い訳が出ます。自分で決断しての行動なら、あらゆる方法を考えて成功させようと頭をフル回転にして成功させるはずです。

決断は決めて断つ。決定よりも決断がポイントです。失敗したら？　たくさん失敗して学ぼう。失敗していないならチャレンジしていないってこと。個人個人がそう思えば日本も活性化するはずです。

6

ネットワークを増やすよりも、深い関係性を築く

私は一度も名刺交換会に参加したことがありません。時間の無駄だし、そこから仕事が生まれたという話を聞いたことがないからです。

日本は名刺交換が習慣化されているので、名刺を差し出せばおそらく相手からももらえるでしょう。ただ、日本以外でビジネスをする場合、最初に名刺交換をしないのが通例です。最後に名刺を交換することはありますが、多くはFind me on LinkedIn / Facebookなどで済ませます。

つまりネットワークは「数」ではなくリアルなコネクションが必要です。自分が信用できる、自分が助けられる、自分が気にとめるということです。

私はプライベートの携帯でiPhoneを使っていますが、頻出ダイヤルの人はリアルなネットワークと考えています。LINEではトークの上位10人がそうです。人数を求めるよりも、自分が公私ともに接したい人と関係性を築くようにしましょう。

そして関係性を築くのに大切なことは、自分が何を与えられるかではなく、何を与えるかだと思います。

7

自分のネットワークを可視化しよう

私が定期的にやっているのは、ノートに手書きで自分の今のネットワークを書き足していくことです。これはやってみると面白くて、どこでその人に会ったのか？　何がきっかけで今の仕事をするようになったのか？　など、さかのぼっていくと、必ずキーパーソンを発見できます。

何気なく会っている人や関係も、整理することによって新たな価値を持ち始めます。その中でもキーパーソンとなる人は重要な意味を持ちます。その人は誰なのかを自分のネットワークの中で把握して、彼らとの関係を深めます。

フェイスブックが生まれたことで、共通の知り合いなどを瞬時に知ることができます。これがフェイスブックがもたらした効果でしょう。それだけに頼らず、自分専用のネットワークを可視化することで、キーパーソンの存在を意識し、そのネットワークの中で自分に何ができるのか、誰が助けてくれるのかを知ることができるのです。

8

「点」を「線」にそして「面」に

それぞれの出会いや仕事などの体験はすべて点であり、このそれぞれの点をつなげると線になり、関係性が出てきます。その線がつながると、面という大きなチカラになります。「つなぐ」は人生の最も重要な要素であると私は考えています。

無駄な体験は一つもなく、その体験が何年後かに何かのきっかけになることもあります。一つひとつのことに一生懸命な姿勢で取り組むことで、点の数も、線の長さも、そして面積もどんどん広がっていきます。大切なのは小さな努力がいずれ大きな結果につながっていくということです。

9

見返りを求めない そんな関係の人は何人いますか

私は友だちの誕生日を覚えるのが得意でした。そして誕生日に「おめでとう!」と言って驚かすことが好きでした。そうすると私の誕生日も覚えてくれているはずだ、と見返りを求めていたのです。

しかし、子供が生まれて、考えが変わりました。子供には何かの見返りを求めて愛情を注ぐなんてことはありません。無心の愛を注ぎます。それを知ってから、見返りを求めずに人と付き合うことの大切さに気がついたのです。見返りを求めての行動から、相手が喜んでくれたらいいという行動に変わったのです。

そのほうが、気持ちが楽です。

あなたには今、見返りを求めない存在は何人くらいいますか? 家族は別として、社会人としての見返りを求めない付き合いは、これからの時代に不可欠です。見返りを求めない関係から、本当のプロフェッショナルな関係性、親族以外のファミリーが築けるのです。自分の仲間が自分を必要としている時に、自分はそこにいるし、自分がその仲間たちを必要とする場合に、彼らもきっといるという関係です。

10

自分に投資を続けること

多くの成功した先輩方と会うと気づくのですが、とてもシンプルなコンセプトだけれど、誰もが続けていることがあります。みなさん自分を信じ、自分に投資することを当たり前に続けているのです。

年齢問わず、常に新しいことを学ぼうとする姿勢が大事です。

自己投資をやめた瞬間に自分の成長は止まります。

年齢に関係なく、貯金よりも自分にどれだけ投資しているかがポイントです。そうして自己能力を鍛えれば、お金は後からいくらでもついてきます。

貯金があっても能力を鍛えないと成長はありません。

女性も男性を選ぶ時、貯金通帳にいくら入っているかよりも、どれだけ自己投資をしているかで判断したほうがいいと思います。

11

優先順位を明確にする

あなたが貯金をしたいと思うなら、今あるお金から貯金に回す分を先に取り分けてしまうこと。お金が残ったら貯金に回すというのではいつまでたっても貯まりません。これはお金に関することですが、時間に関しても同じことが言えます。優先順位を決める必要があります。

スティーブン・R・コヴィー氏が使っているFirst Things Firstという考えがあります。私はこの考え方をベースに自分の社会人生活を大事にしてきました。

1日24時間というのは平等に与えられている時間です。この時間の活用次第で、運を動かすことができます。自分の優先事項を明確にして、時間をどのように使うかを考えましょう。

12

壺と大きな石と砂利と砂で優先順位を考える

「壺」は自分の人生の時間です。自分の時間をどのように満たすかを考える必要があり、そこで選択が重要な役割を果たします。「砂」は電話やe-mailやSNSからのプッシュ機能と考えましょう。「砂利」は意思決定をしなければならない事項です。「大きな石」は人生にとって重要なこと。つまり、家族やパートナー、自分のやりがいを感じること、自分を高めることの時間などです。「大きな石」を最初に壺の中にいれることによって、その次に砂利や砂が入るスペースが確保されます。優先順位を明確にしない限りやりたいことは絶対にできません。

あまり重要ではないことに時間をかけてしまうと、本当に大切なことに使う時間「大きな石」が入るスペースがなくなります。本当に重要だと思うことに優先順位をつけてそれに向かって全力で突き進んでください。

人生は一度です。私は高校時代にアナフィラキシーショック状態になり死にかけたことがあります。自分が死ぬことを意識したことにより、精一杯毎日チャレンジしようと思うようになりました。どうせやるなら本気でと思うようになるのです。死ぬこと以外転んだようなものです。

やるべきことはすでに心の中に決まっているはずです。たいてい、答えは自分の中にあります。やらないよりやったほうがいい。

その一行のためにがんばる

資格や学位を取得するためには努力と時間がかかります。ただし、それを履歴書などに書く場合は、たったの一行です。その一行のためにどれだけの努力をするかです。

たった一行がどのような資格だとしても、その資格を取得するために努力をした人なんだと、私は考えます。目的がありそれに合格するというのは一つの姿勢であり、何かのハードルを越えるために努力することができる人だという証明になるからです。

14

自分の頭で考えよう ストーンスープの話

皆さんには印象に残っている絵本がありますか？　私がもしそう聞かれたら真っ先に答えるのが、「ストーンスープ」です。小学校3年生の時に読んで最も印象に残っている一冊。ポルトガルに伝わる民話です。

お腹を空かせた旅人がおばあさんの家に行き、「お腹が空いたので食べ物をください」とお願いをするのですが、お前に食べさせるものは何もないと断られます。旅人はおばあさんの家の近くにあった少し大きめの石を拾い、再度、おばあさんの家のドアをノック。

「この石は魔法の石で、これを使うと最高においしいスープが作れます。鍋と水があれば貸してもらえますか？」と。おばあさんは、なんだこの石は？　と興味を持ち、旅人を家に招き入れました。

「鍋と水のほかに、最高においしいスープを作るためには、塩が必要です。塩はありますか？」おばあさんは、塩を持ってきました。さらに、「庭に野菜などがあるようですが、おばあさんが作った野菜ですか？その野菜をスープに入れるともっとおいしくなりますが、入れませんか？」おばあさんは庭の野菜を持ってきます。「お肉を入れるとさらにおいしくなりますが、お肉はありますか？」おばあさんは冷蔵庫からお肉も持ってきます。

旅人は「この最高のスープは王様が食べるスープなので、テーブルクロスを掛けて、王様の気分で食べるのはどうですか?」と言い、おばあさんはテーブルの準備もしてくれます。

やがていい香りがしてきます。早く食べようとおばあさんは言うのですが、旅人はまだまだと部屋中をいい香りで満たします。

「さてさて、最後にこの不思議な石を入れます。この石を入れないと王様が食べる最高のスープにはなりません」。ポトンと入れます。

さあ完成ですと二人で食べました。おばあさんはこんなにおいしいスープを食べたことはないと言いました。

旅人が出発しなければと言うと、おばあさんはこの最高にうまいスープはどうやって作るのか? と尋ねますが、旅人はこの石がないとできませんと言い、石を回収して行ってしまいます。

人から言われて動くのでは、このおばあさんと一緒です。旅人のように自分で考えて知恵を持ち行動することが人生において必要だということです。

私は子供たちにこの話をすると、またストーンスープの話をしてほしいとよく言われます。毎回ストーリーは一緒なのですが、冷蔵庫には鶏肉がありのパターンから、冷蔵庫にはスーパーで買ったソーセージがありなど、野菜はトマトからナスに変更したりして話せるからです。

私は父親として会社を経営する社長として、自分で考える思考を身につけることを子供たちに教えたいと考えています。

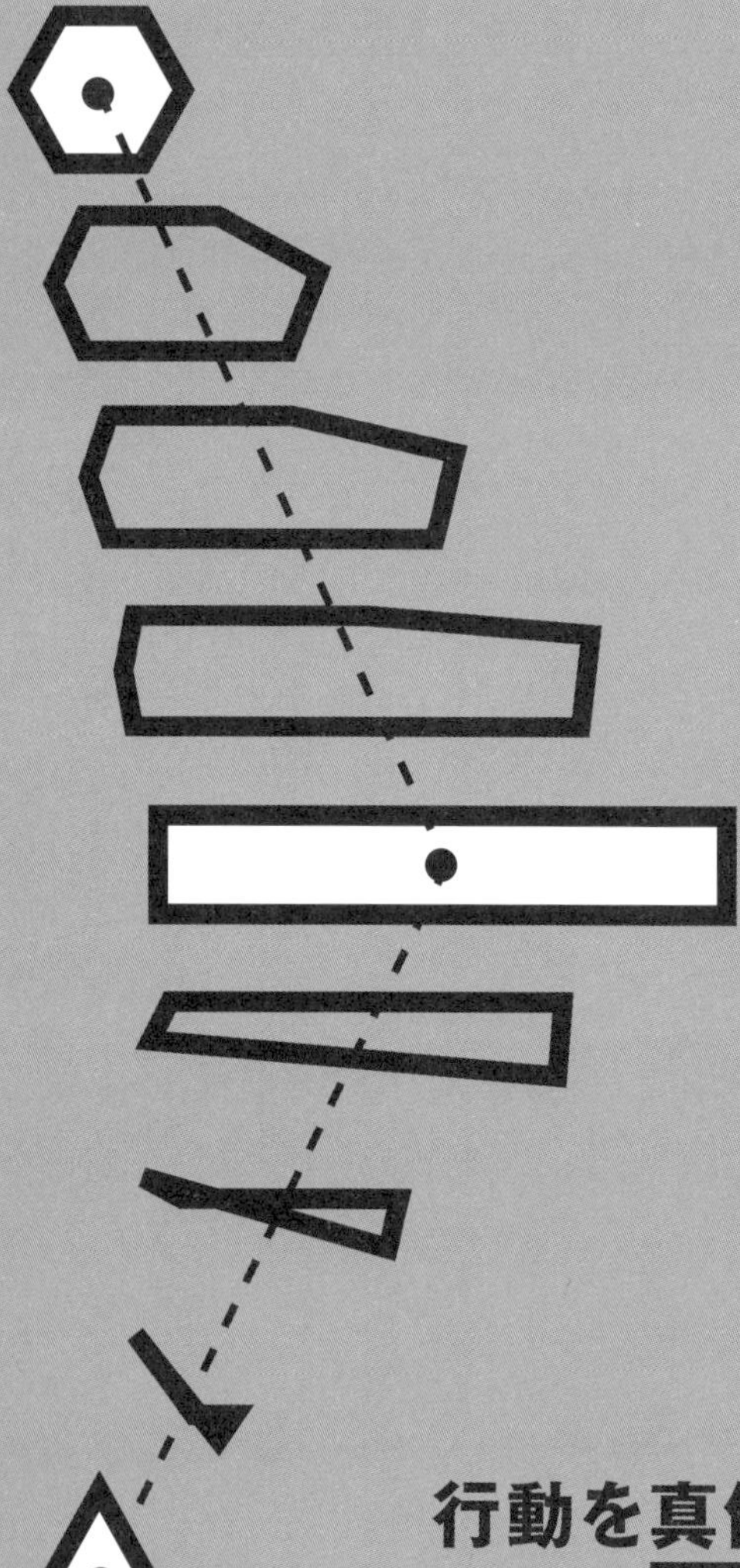

15

行動を真似て学ぶ

私は中学校時代に好きな女の子がいたのですが、ビビリで気持ちを伝えられませんでした。しかし、大人になって、実は両思いだったということを知り、あの時言えばよかったなと後悔しました。楽しい昔話ですが、「やろうかどうしようか」とずっと頭の片隅でぐるぐる回っているよりも、まずは行動すればよかったのです。

インターン生や後輩を仕事の現場に連れていくことで、変化が起きます。2007年より開始している「私の哲学」※というインタビューサイトに、何度も後輩を連れて行って、現場を見せるようにしています。そうすると多くの後輩は「今日はありがとうございました。機会をいただき感謝です。行動すると楽しいですね」と言います。彼の行動する第一歩になったと思っています。

行動できている人が周りにいたら、ついていっていいか聞いてみてください。ダメという人は少ないと思います。どう行動すればいいかがわからなければ、行動する人について、その動きを観察して、真似ることからスタートしましょう。学びはもともと真似から始まるのです。

※ www.interliteracy.com/philosophy

16

両手はどう組む?
腕はどう組む?
違和感から行動へ

これまで多くの講演会をやってきましたが、途中で寝る人がいません。そのためにちょっとした工夫をしているからです。

その一例が、講演の途中で、手を組んでもらうことです。どちらの親指が上にきているか？　あるいは腕を組んでもらいます。どちらの腕が上にきているか？　毎回両手の組み方、腕の組み方はほぼ一緒だということがわかります。

次に、両手の組み方を変えてもらうと違和感を感じます。腕の組み方を逆にしてくださいというと、あれ？どうやって反対に組むんだろうと考えたりします。なんかしっくりこないなという笑いが生まれます。

実際に今、本を読んでいる方も試してみてください。違った感覚を味わうはずです。つまり、腕の組み方一つで違和感を感じるのは、いつもの習慣とは違う動作をしたからです。

私たちは人と会う時や仕事の時の対応などもほぼ、同じ動作や反応をしており、自分のコンフォートゾーン（快適空間）の中で行動しています。このコンフォートゾーンから出るということが、新しいチャレンジにもなるのです。これまで食べたことのない食べ物、飲んだことのないお酒、いろいろあると思います。あらゆるものを試すという意識が、いずれ行動に移す時の訓練になります。

17

人の価値は恐怖を乗り越えた数に比例する

ピンチをどれだけ経験したか。

会社経営をしている自分にとって一番怖いのは資金繰りです。消費税納税、源泉所得税をまとめて払う、溜まった手形を抱えての取引先への支払いなどです。これは自分が社長をやって味わった恐怖です。

会社を立ち上げた時から考え方はブレていませんが、やはりさまざまな困難や恐怖を味わいました。その重圧を楽しみに変えることができたのは、多くの名経営者や良い仲間たちと出会えたことが大きかったと思います。

口だけなのか行動するのか。今できることを最大限に。これが起業した当時、自分に課した目標でした。その結果多くの人と出会い、今の杉山大輔がいます。自分だけではピンチは乗り越えられなかったと思います。人と会う。シンプルで小さな行動が大きな成長をもたらします。

18

「あいつに電話してみるか」そうあなたが思ってもらえることはなんだ

マイクロファイナンスのことを知りたい、そうだ◎◎に連絡しよう。アイスホッケーのこと誰に聞こうかな。特徴がなければ声はかかりません。会社を起業した際に、恩師から、「バーチャル人事マップ」を作れと言われました。社外ブレインのネットワークを図式化することです。弁護士、税理士、司法書士、MBA、経営者、など。

これを整理しておくことで、自分にどんなネットワークがあるかを知ることができます。また自分のネットワークを図式化することで、必要なパーツ、つまり必要な人材、スキルを整理できます。

自分が目標を達成するためには必要な能力やネットワークを手にする必要があります。その必要な人材、スキルをほしいと思えば、それを探すことができるようになります。

つまり逆も同じだということです。最近は、とりあえず大輔に聞いてみようかという存在になることを目指しています。

19

プレミアム御用聞き

私の仕事を一言で言えば、プレミアム御用聞きだと思います。何か商品を開発したりサービスを提供したりではなく、クライアントの問題点を発見したり、代替案を提供したり、実行したりのシンプルなフレームワークで仕事をしています。

私が卒業した慶應義塾大学総合政策学部は、25年前に他の学部とは違う新しいキャンパスとして立ち上がりました。その時のコンセプトが「未来からの留学生」。今の学生は未来から来ている留学生で、未来社会を予想した上で、どんなスキルが必要か、どんな世の中になるかを考え、そのために必要なスキルを身につけます。この考え方が私の経営する会社のコンセプトになっています。

取引先やお客様や会社関係や部下同僚などに対しても同じ気持ちを持っています。ビジネスで大事なのは自分の目先の利益よりも、他の人へどのようなプラスのエネルギーを伝播できるかだと思います。自分一人のためにやれば、自分一人に返ってくるだけですが、人のためにやれば、成功を手にすると同時に仲間もたくさん増えるのです。

20

自分をあきらめない
継続が力となる

私は60歳を過ぎた頃に、スポーツの大会に出ようと考えています。それは年齢を重ねるほど競争相手が減ってくるからです。たとえば、マスターのボディビルの大会やマラソン、トライアスロンなどは、競技人口が減ります。これは一つの例ですが、継続と忍耐が成功をもたらします。私は「私の哲学」というインタビューサイトを2007年より運営しています。これは自分が会いたいなと思っている方に直接連絡を取り、ご出演いただいています。すでに33回を数え、しかもすべてノーギャラ。続けることで得たことの大きさは計り知れません。

今の時代、先行者優位というのは市場競争ではとても重要です。でも他の人が諦めたり、努力を怠ったり、方針を変えたりすると、きっと最後に残った人が勝ちます。

地道な努力をコツコツコツコツやることが信用へとつながり、他の競争相手がいない状況では勝てます。時には興味がなくなったり、環境が変わったりして諦める必要も出てくると思うけれど、自分を諦めてはいけません。

21

自分が人生でもがき苦しむことはなんだ？

私のモチベーションは「恐怖」です。恐怖があることで、自分が行動しなければと思うし、すぐに取り掛からなければと考えます。恐怖とは、資金繰り、家族を養うこと、新しい提案をすること、お客様やクライアントの期待を上回ることなどたくさんあります。子育ても大変、会社経営も大変。もちろん、どれもやり甲斐はあります。その上で、自分がもがき苦しんででも手に入れたいことは何か？ です。楽に何かを手に入れることはできません。幸せにはコストがかかります。ものすごく働かなければ、本当に自分がやりたいことはできないのが現実です。自分が寝ている時、自分の競合は寝る間を惜しんで活動をしているかもしれないと考えることです。

どのような苦しいチャレンジをするかによって、自分の評価が決まります。私は自分の運命は自分で切り開くものだと思っています。恐怖を認識することで、それを克服するための行動に移りますが、どうせやるのであれば、楽しくやるという気持ちを持つようにしています。明るいマインドが明るい表情になり、行動も伴ってくるのです。

22

好き嫌いはあってもいい

お金よりも人間関係、相性を大切にしたほうがいい。どうしても合わないと思った場合、自分の時間を嫌いな人に使うのは無駄です。人間関係はどんなに我慢をしてもダメな場合があると思います。実際、私は本当に嫌いな人が数人いました。かなり悩まされ、どのようにすればいいだろうなどと、今考えてみれば、なんと時間を無駄にしたことかと思います。

ある程度頑張ってもダメだったら、別の人と付き合うようにするほうが、自分のためになります。それと同じで、今の会社や環境がどうも自分に合わなかったとしたら、無理に合わせようとせず、環境を変える、転職をするのもありだと思います。年収が下がるかもしれない、立場も下がるかもしれない。でもso what?

人間関係で満足できるところを探すほうが断然いいと考えましょう。自分の気持ちを押し殺しているとブレーキがかかり、解放された行動ができません。人間関係や環境が人に与える影響は大きいのです。自分を生かす、自分が心地よいと感じる人間関係の中でこそ、人はチカラを発揮できます。

23

幸運とは、準備が機会に出会うことである

オプラ・ウィンフリーのLuck is a matter of preparation meeting opportunity.という言葉を知った時に、なるほど!　と腹に落ちました。

「幸運=準備×機会」。準備に時間をかけて、準備している質を高め、機会を増やすために、行動する。とっても簡単な法則で、準備をして、機会と巡り会わせた際に、一気に攻めるというのが好きです。準備をしていなければ、いざという機会に遭遇しても結果につなげることはできません。この準備するというのは、自分に対する準備だと考えています。

私が常に準備している一つの例は、自分が会いたい人がいた場合は、徹底的に調べるということです。出されている著書やウェブに掲載されている記事などです。そうすることで自分との共通点や考え方などを知ることができます。

情報不足で会った場合、生産的な時間を過ごすことはできません。相手のことを調べておけば、前提条件が揃っているので、お会いした時、とても気持ちよくスタートできます。

24

そこまで欲しくなかったということ
そこまで求めていなかったということ

よく、昔漫画家になりたかったんです。音楽活動をしたかったんです。いつかはマラソンを走ろうと思っているんです。という何気ない会話を聞きますが、私からしてみれば、単純に本気でやりたいことではないからやらなかったんだと思います。以上です。

25

自分で意思決定をする
結果責任ももちろん自分

社長の仕事は意思決定です。コンサルティングに意見を聞くことはできるけど、最終的に決めるのは自分。ビジネススクールでは2年間で500以上の企業のケース分析をします。ケースとは30ページくらいの冊子でその会社の歴史や問題点、これからの進むべき道などが書かれています。個人学習、グループディスカッション、クラスディスカッションを通じて一つの企業を深掘りしていきます。自分が社長だったら、どのような意思決定をするかを練習します。その訓練は私の生活全般にも役立っています。

優秀なコンサルタントや外部のブレインを活用してもよいと思いますが、最終的な意思決定をするのは自分自身、会社の場合は社長です。つまり自分で意思決定して初めて、その判断が良かったのか、悪かったのかの責任が生まれるのです。

会社経営と同じように、誰かと付き合う、転職する、結婚する、引越しをするというのはすべて意思決定によるものです。自分の人生を自分で意思決定するから、どんな結果が出ても納得でき、自分自身で責任を持つことができるようになります。

人生、意思決定をしよう。

26

突き抜けるか壊れるか
Breakthrough主義

困難が起こったときは、breakthroughをするかbreakdownをするかの2択だと思います。死ぬこと以外はかすり傷です。何か起きた時、誰かに相談にのってもらったとしても、多くの場合、答えは当人の中にすでにあります。つまり、相談してもそんなに変わりません。

自分でこれがいいと思う人は、この意見どう思う？　と聞いてまわりません。他の人の意見に左右される意思決定の仕方はリーダーには向いていません。もちろん聞く耳を持つことは大切ですが。

私は会社を立ち上げた時、1年目はなんとかなりましたが、2年目に突入して、同じように売り上げを出すことはできるのか？　と不安になりました。当時は学会にも入っていて、会社経営をしながら論文も書いていました。今考えれば、会社がうまくいかなかった時の逃げ場でした。大学の教職に就ければ生活は安定するかな？　などと安易に考えていましたが、中途半端なことはできず、仕事一本に全力をつぎ込み、breakthroughを試みました。

その本気度が必ず人に伝わると思います。やはり、行動することやレスポンスを早くする、期待以上の結果を出すなど、やらざるを得ない状態になると力を発揮しますし、頭を使います。

27

Be a DOER

人間観察をずっとしていると、人間は二通りに分けられることに気づきます。一つはDOER（do+er）。つまりやる人。もう一つはDON'TER(don't+er)やらない人。年齢は関係ありません。やる人はやる。やらない人はやらない。シンプルに考えるとこれです。

この本の中で必ず伝えたい、これを読み終わったら覚えていてもらいたいことは、〈DOERになりなさい。DON'TERにはなるな！〉ということ。

①目標を決める　②それを実行する計画を考える　③そして行動する。

人ははっきりした目標が見えれば、それをどのように形にするかを準備しそれを実現するために確実に進みます。そして小さな成功体験がエネルギーとなりそれを達成した喜びで気持ちが良くなり、また次のステップに行こうとします。反対に人は目標がなければ下降する人生になるということです。つまりDON'TERです。

結婚、起業、出産、転職、人生にはさまざまなライフステージやイベントがあります。これらをどのように行動に移すかが、DOERかDON'TERの違いです。

あなたはどちらですか？

28

Health Happiness Hungry 3Hの法則とは

健康であり、幸せであり、そしてハングリーである。この3Hが人生において最も大切だと思います。

健康であれば何でもできます。私は仕事をする上で健康が最も大事だと思っています。健康であれば新しいことに挑戦もできます。睡眠や食事など、自分の身体をメンテナンスすること、ケアすることが一番大切だと思います。

次に大事なのは、ハピネス＝幸せです。これは自分で作り出すものですが、よい精神状態を保つには無理をしないことです。

最後に必要なのはハングリー精神。メンタルに貪欲になるということです。

よく自分の銀行口座に100億円入っていたら何をするかな？　と考えます。お金で買えるモノや体験を手にいれた後、何が残るか？　やはり自分がやりたいことですね。私は今の仕事はお金のためよりも、クライアントの期待を上回ることが喜びになっているので、この欲求はいつまでたっても変わることがありません。

長い目で、自分が80歳の時にどんな生活をしたいかを想像してみるのも手です。

とにかく身体を粗末にするな。

29

修身斉家治国平天下

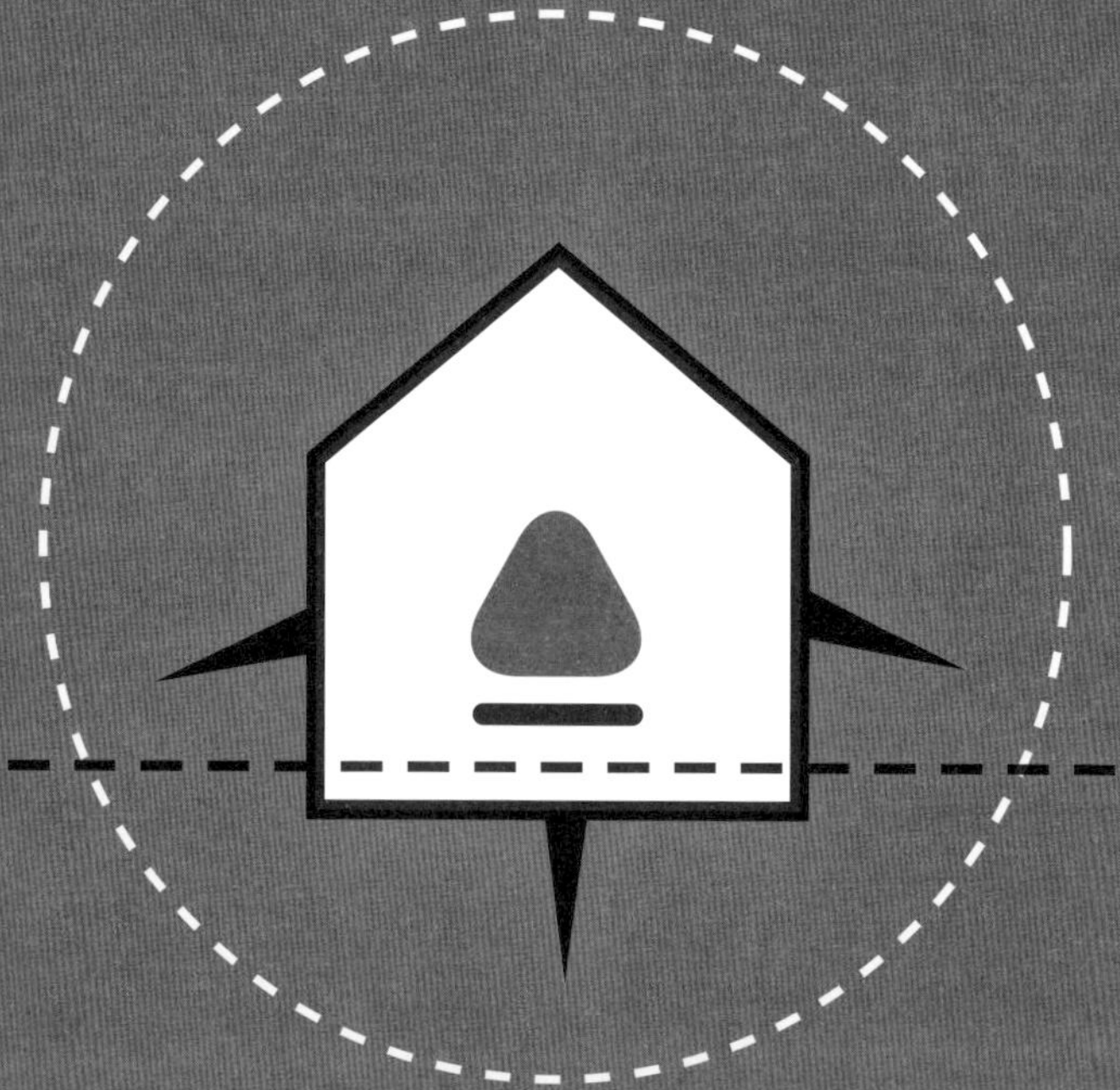

しゅうしんせいか ちこくへいてんか。「天下を平らかに治めるには、まず自分の行いを正しくし、次に家庭をととのえ、次に国を治めて次に天下を平らかにするような順序に従うべきである」という儒教の基本的政治観です。

この言葉は後輩に教えてもらったのですが、ベースにくるのはまず自分だということです。自分がしっかりしていなければ、家庭も仕事も社会での活動もフルにできないのです。私の最も好きな言葉になっています。

30

プロ意識を持つ

「初めてなので間違えるかもしれませんが、一生懸命がんばりますのでよろしくお願いします」

私はこんな人とは仕事をしたくありません。プロ意識がないからです。たとえば、この最初の挨拶をする人がオペ＝手術を初めてする執刀医や初フライトのパイロットだったらどう思いますか？　絶対にこの手術を成功させてやると思っている人と、まだ手術を始めたばかりでミスは大丈夫かなという意識を持った人とでは結果も異なり、その後の成長も変わっていきます。

これまで英語教育に携わっていたこともありますが、お金をいただく、いただかないに関係なく、プロとしての意識を持つことが大事です。単に人の命を扱う職種にとってだけ大切な考え方ではなく、誰もがきちんと準備して一人前になる意識を持つことが大切です。

31

退路を断つ

退路を断つことで、覚悟が決まったのが24歳の時です。19歳の時に起業し、慶應ビジネススクールに入学。学業と仕事を両立しての二足のワラジ生活。起業はしていたものの、「学生」という身分があることが安心材料になっていました。

ビジネススクール1年目の22歳の時に5歳年上の彼女と結婚、2年目には長男が誕生しました。共働きで子育てをしていこうと考えていましたが、妻は子育てに集中したいということもあり、仕事を辞める方向に。ついに、自分の中でのカウントダウンがはじまりました。それは、何の保証もなく立ち上げた小さな会社で、自分で妻と幼い長男の生活を養っていくということ。自分の当時の年収は約300万円。不安な日々がスタートしました。養っていけるのか？　このまま生活できるのか？　その不安で3カ月ほどもがき苦しみました。なんでこんなに早く結婚したのか？　就職活動をすればよかったのでは？　と自分の意思決定を否定し始めます。

たくさん考え、もう他の打開策がないことを知ると、自分でやっていくんだという覚悟が生まれました。退路を断つと、グォーっとやる気が内から湧いて出てきます。できない理由よりも、できる方法を考え、今自分にできることを最大限に勇気を持って行動することで進撃が始まりました。

32

失敗は成功の必要経費
1000に3つの法則

失敗するということは何かにチャンレジしているということ。失敗が一つもなければ、チャレンジしていないということです。

失敗したら何が問題だったのかを徹底的に分析します。

ビジネススクール時代に恩師の山根節教授（慶應ビジネススクール名誉教授）から、企画は1000蒔いて3つ実現するくらいだよと教わりました。自分自身これまで、数多くの企画書を書いてきました。企画書をラブレターとして位置付けている私は、「この企画が通ったらどうしよう（笑）」とウキウキしながら作っています。結果よりもプロセスを楽しみます。たくさんのラブレター企画書を書くことで、実現できなくても、その過程で自分の頭が整理されたり、次に活かせるネタが出てきます。

本当にやりたいことがあれば、徹底的にさまざまなことにチャレンジすべきです。好きな人にアタックするのも、好きな洋服を買うのも同じです。デートの誘い方でたくさん失敗したり、いろいろな洋服を買うことで、自分の中に次に活かせる失敗マニュアルが出来上がります。つまり、失敗 is GOOD と思えることが大切です。失敗したらそれを次に活かせばいいのです。

33

運は自分でつかむもの

運は自分でつかむもの。準備や下ごしらえが後で力を発揮する。

私は大学1年で起業し卒業した後、慶應ビジネススクールに行きたくてそのために自分なりの最大限の努力で頑張りました。しかし、ビジネススクールに入った後のビジョンを明確に持っていなかったため、その後半年くらいダークな時期が訪れました。そこで、現状を打破しようと、自己分析を徹底的にして、今の自分に何ができるのか？　を考え、「行動」し始めました。


そして、もうひとつ。

身体を鍛えるというのも暗い時期には大切でした。身体を鍛えるとメンタルも良くなる、と本に書いてあったので、その通り始めたら、朝ジムに行って追い込み、それから仕事をするというリズムができました。

34

成功者と失敗者の条件

成功者は
人間的成長を求め続ける。
自信と誇りを持つ。
常に明確な目標を指向する。
他人の幸福に役立つ喜びを感じる。
自己訓練を習慣化する。
失敗も成功へのプロセスと受け取る。
今ここに全力投球する。
自己投資を続ける。
何事も信じ行動することができる。
時間を有効に活用、段取りする。
できる方法を考える。
可能性に挑戦し続ける。

失敗者は
現状に甘える。現状から逃げる。
ぐちっぽくなり、言い訳を言う。
目標が漠然としている。
自分が傷つくことは回避する。
気まぐれで場当たり的。
失敗を恐れて何もしない。
いつかはやると言って引き延ばす。
途中で投げ出す。
不信感が先に立ち行動できない。
時間を主体的に作ろうとしない。
できない理由が先に出る。
安全圏の殻にとじこもって不可能と思う。

中学生の時に、できる人、できない人の条件を塾の先生に教えてもらいました。いただいた用紙は今も保管してあり、実家の自分の机には常に貼ってありました。

ネットもない時代のこと、塾の先生がどこで手に入れたのかは不明ですが、ポイントは中学3年生、15歳の時この条件を知ったということです。また当時、父親の書棚にはさまざまな本があり、それを高校時代に読み漁りました。社会に出て仕事をするために必要な内容は、できるだけ早い段階で知っておいたほうがいいのです。

成功者、失敗者と分けられていますが、〝運を動かせる人〟〝運を動かせない人〟とタイトルを変えても、この12項目は有効です。

35

助走が長いと遠くに飛べる
成長は10年単位で考える

答えがすぐに出なくてもオッケー。私は10年スパンで考えるようにしています。27歳の時に立ち上げた会社は最初から10年後を思い描いて活動をしています。10年スパンで物事を考えること。一晩でできることは一晩の価値しかない。

モヤシは一晩で成長するけれど、桃栗三年柿八年と考えるほうが好きです。ビジネスをする場合、モヤシを狙うのか？　柿を狙うのかで時間の過ごし方や行動が変わるはずです。何かを形にして実際に思うように動かすのには10年かかるのです。

36

自分を好きになる そして自分のチカラを信じる

お前ほど、自分好きな人は見たことがない！（笑）とよく人に言われます。それは最大の褒め言葉だと思っています。自分を好きになると、自尊心がどんどん高まっていきます。自分好きとは自分自身の短所や長所をすべて受け入れて好きだということです。評価されなかった時は、タイミングがよくなかったのか、相性がよくなかったのか、期待に応えられなかった何か原因があるのでは？　と考え、気持ちを切り替えてこの経験を次に生かすようにメモをします。

自分を嫌いになると、自信を失い、チャレンジしなくなるという悪循環に陥ります。自分の人生は自分から離れることができないのですから、自分で自分をどうにかしなければならないのです。

私が卒業した慶應義塾大学の創設者、福澤諭吉の〝独立自尊〟という言葉を高校時代に読んだ「学問のすすめ」で知りました。もうひとつ福澤諭吉の言葉で好きなのが〝一身の独立が国の独立〟という言葉。

自尊心は一生懸命生きることから生まれると私は思います。一生懸命生きるという気持ちを持つことが自分を好きになるきっかけになります。

37

年齢は単なる数字
チャレンジとは関係ありません

何かにチャレンジする時に躊躇する言い訳として、年齢や若い時にやればよかったというのがあります。でも年齢は単なる数字です。年をとってもチャレンジしている人はチャレンジしているし、若いからといって積極的にチャレンジしているかというとそうでもありません。

精神年齢は日頃の生活の仕方や意識の持ち方に現れます。たとえば、なぜ日本のニュースは名前の後に年齢をカッコで出すのかよくわかりません。人に年齢を聞くのは失礼というマナーがあるのに、なぜ名前の横に年齢が必要なのでしょうか？

名前の横に年齢を入れるのは海外の雑誌や情報で見たことがありません。よくハリウッドの俳優や女優が来日した際に、ニュースで年齢を見て、はじめてブラッド・ピットってもうこんな歳なのだと気づきます。それまで、彼がいくつかなんて考えませんよね？

年齢よりも本質的な部分を見ましょう。

38

100－1＝99 ではない
ミスから逃げない

会社を起業した当初、ミスだけは避けようとしていました。

受験でもスポーツでもミスをしない、怪我をしないことが有能な学生や選手だと思っていました。ミスをわかりやすくインターン生に教える際、私はこう言います。ラーメン屋に行って髪の毛が入っていたり、異物が入っていたりした場合、そのラーメンを食べたいと思うか？　もしくは次もまた同じラーメン屋に入ろうと思うか？　と。

中小企業は数万社あり、似たようなビジネスをしている会社は山ほどあります。その中で生き残るためにはミスをしないことが重要なのです。

しかし、ミスは起こるときには起こります。ミスが起きた際に、どうすればミスを未然に防げたかを考え、二度と起こらないようにするためにはどう予防策を施すか。さらに、誠心誠意、ミスから逃げないという姿勢が重要になってきます。

39

honest communication
正しい心＝誠意が運を開く

「剣とは心なり、心正しければその剣正し。剣を学ばんとするものはすべからくその心を学べ」。ニューヨークで剣道の練習の後に言う言葉でした。

ビジネスも交友関係もオネストコミュニケーション(正直なコミュニケーション)が一番大切です。

クリスマス時期になるといつも、ニューヨークにいた小学校6年生の時に聞いた話を思い出します。

仕事を失った父親が幼い子供たちを連れてニューヨークの街を歩いている時に財布を拾いました。財布の中にはお金やクレジットカード等が入っており、お金に困っている父親は喉から手が出るほどほしかったそうです。その時、彼の持ち金は2ドルほど。拾ったお金で子供たちにクリスマスプレゼントを買うこともできれば、ちょっと贅沢なご飯を食べることもできる。でも、悩んだ末に警察に届けました。

数日後持ち主から連絡が入り、ニューヨークにもこんなに誠実な人がいるのだと大感激。この出来事がニュースで取り上げられ、この誠実な父親を雇いたいという全米の多くの企業からラブコールが。やがて彼は仕事を手に入れることができました。

ニュースのインタビューで「なぜ財布を届けたのか?」という質問に、「拾ったら届けるようにと親から言われたからだ」とコメントしていました。

小学生ながら感動した話でした。

楽しさ4倍、苦しさ4分の1
エネルギーはどこからくるのか

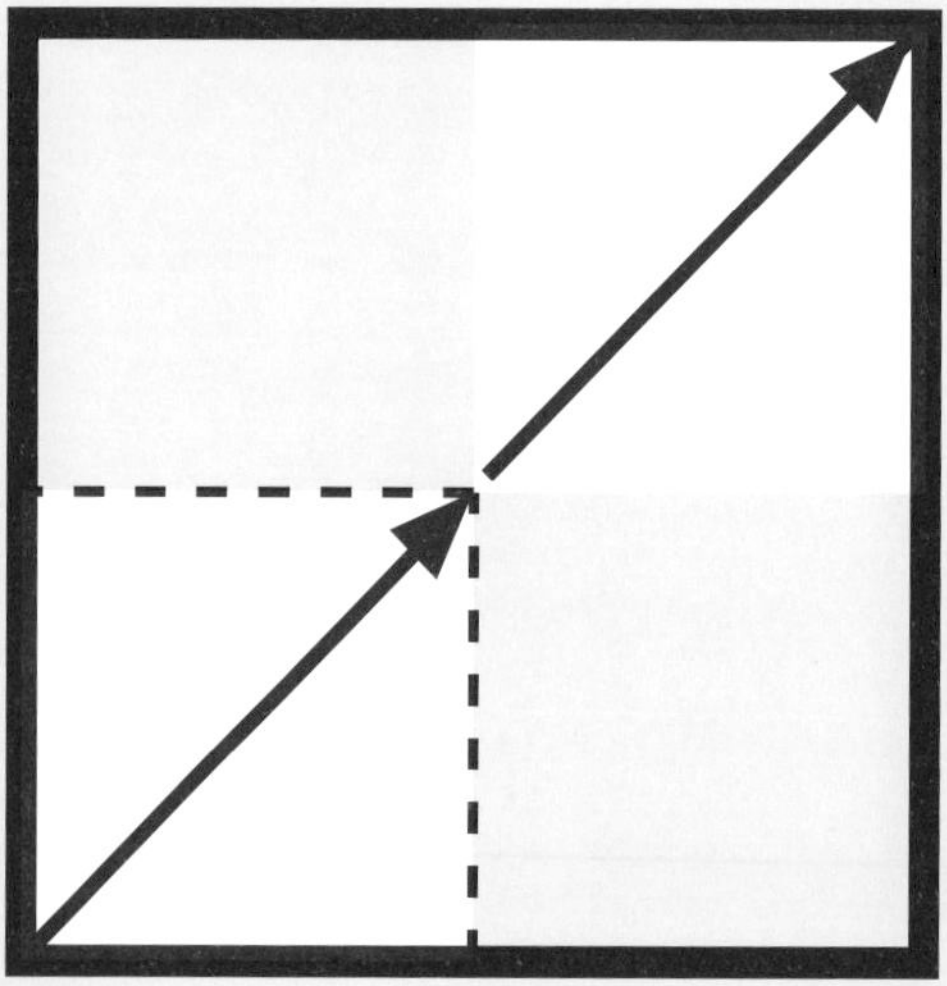

杉山さんのエネルギーはどこからくるのですか？　とよく講演会や普段の生活でも聞かれるのですが、それはきっと子供のエネルギーを浴びているからだと感じています。

子供の世話ほど大変なことはありません。子供は動物です。好きなことをして、やりたいことがうまくできないと泣く。お腹が空いたら機嫌が悪くなるなど。そう考えると、幼稚園の先生や保育士、専業主婦、共働きのママはすごいと思います。

実際、ご年配で元気な方は、若い方と多く接していることがわかりました。私もその点、多くの子供たちと接しているので、自分の中の子供が保てているのだと思います。成長しても子供心を持ち続けることが若さの秘訣ではないでしょうか。

子供と1日一緒に遊んで、ガクっと疲れる体験をされた方もいると思いますが、365日一緒にいると、その体力がつきます。

生意気言うよりまず実行
失敗にも必ず学びはある

郵便はがき

料金受取人払郵便

麹町局承認

176

差出有効期間
平成29年3月10日
（切手不要）

102-8790

209

東京都千代田区平河町2−16−1
平河町森タワー11F

Discover
ディスカヴァー

行

お買い求めいただいた書籍に関連するディスカヴァーの本

誰でもできるけれど、ごくわずかな人しか実行していない成功の法則　決定版

ジム・ドノヴァン　1100円（税抜）

「人生はこんなもんだ」とあきらめていませんか？　実践的でシンプルな夢の見方とかなえ方を紹介します。

うまくいっている人の考え方　完全版

ジェリー・ミンチントン　1000円(税抜)

人生がうまくいっている人は自尊心が高い。自信を身につけ、素晴らしい人間関係を築き、毎日が楽しく過ごせる100のヒントを紹介。

できる人の仕事のしかた

リチャード・テンプラー　1500円(税抜)

「仕事への情熱を労働時間で示さない」「クールに適度な距離を保つ」…。仕事ぶりを認められ、昇進すべき人物と見られるようになれる 108 の行動原則が詰まった 1 冊です。

ウォートン・スクールの本当の成功の授業

リチャード・シェル　1600円(税抜)

富と名声が成功なのか？　悩めるエリートが「人生が変わった」と絶賛！　ハーバード、スタンフォードに並ぶ世界No.1 MBAスクールが教える「後悔しない仕事と人生の選び方」。

ディスカヴァー会員募集中

特典
- ●会員限定セールのご案内
- ●イベント優先申込み
- ●サイト限定アイテムの購入
- ●お得で役立つ情報満載の会員限定メルマガ「Discover Pick Up」

詳しくはウェブサイトから!
http://www.d21.co.jp
ツイッター @discover21
Facebook公式ページ
https://www.facebook.com/Discover21jp

イベント情報を知りたい方は
裏面にメールアドレスをお書きください。

1648　運を動かせ　　愛読者カード

◆ 本書をお求めいただきありがとうございます。ご返信いただいた方の中から、抽選で毎月5名様に**オリジナル賞品をプレゼント！**
◆ **メールアドレスをご記入いただいた方には、**新刊情報やイベント情報のメールマガジンをお届けいたします。

フリガナ お名前	男 女	西暦　　年　月　日生　歳
E-mail　　　　@		
ご住所　（〒　　ー　　） 都道府県　　市区郡 電話　　（　　　）		
ご職業　1 会社員　2 公務員　3 自営業　4 経営者 5 専業主婦・主夫 6 学生（小・中・高・大・その他）7 パート・アルバイト　8 その他（　　）		
本書をどこで購入されましたか？　書店名：		
本書についてのご意見・ご感想をおきかせください ご意見ご感想は小社のWebサイトからも送信いただけます。http://www.d21.co.jp/contact/personal ご感想を匿名で広告等に掲載させていただくことがございます。ご了承ください。 なお、いただいた情報が上記の小社の目的以外に使用されることはありません。		

このハガキで小社の書籍をご注文いただけます。
・**個人の方：**ご注文頂いた書籍は、ブックサービス（株）より1週間前後でお届けいたします。
代金は**「税込価格＋手数料」**をお届けの際にお支払いください。
（手数料は、税込価格が合計で１０００円未満の場合は530円 、以上の場合は２３０円です）
・**法人の方：**30冊以上で特別割引をご用意しております。お電話でお問い合わせください。

◇**ご注文**はこちらにお願いします◇

ご注文の書籍名	本体価格	冊数

電話：03-3237-8321　FAX：03-3237-8323　URL：http://www.d21.co.jp

ニューヨーク日本人学校の中学校3年生の時に、群馬県出身の30歳の先生が担任になりました。彼はスローガンとして「生意気言うよりまず実行」ということを常に繰り返していました。実際やらなければ、何もしていないのと同じです。

私は中学校3年生の時に、代表委員、そして運動会の応援団長になりました。そこから得たのは、何かをする（したい）のであれば、自分が上に立ち、そして責任を取るというスタンスです。言うは易し、行うは難し。何もやっていない人がガヤガヤ言う内容ほど説得力のないものはないと思います。文句を言うのであればやってみろというのが生きていく上で大切です。

失敗したとしても、そこで何が学べるか。自分の意思決定により失敗したということは、人の責任にすることはできず、自分でなんとかできるように考えるものです。

もう一度繰り返します。生意気言うよりまず実行。

42

人間関係の持続への小さな教え

心の割り勘

よく、割り勘を1円単位でするのは細かいなどと言います。私が先輩に教わったのは「心の割り勘」です。たとえば一緒に行動していて、夕食をご馳走になったら、次にランチをする時は自分が出す。お茶をご馳走になったら、一緒に移動した時のタクシー代を出す。

金額の割り勘ではなく、行為の割り勘が心の割り勘です。

常になんでもしてもらうのではなく、ちょっとしたことでも自分から何かを差し出す気持ち。この前出してくれたから、今度は私がというのが基本です。その場限りの付き合いではなく、関係が続く場合は、そうしたほうがずっと心地よいのです。

43

今の自分は5年前の自分が計画した結果
これからの43,800時間をどう使うか

自分の計画が実行されて結果を手に入れるまでに5年はかかります。今の自分は5年前の自分が計画した結果であり、次の5年後の自分は今の自分が努力した結果になるのです。

人間の細胞もすべて入れ替わるのは5年かかり、計画して動けばその通りになります。本気であれば臨む姿勢も変わります。現状に満足していないのであれば、それを変えるために最低5年はかかるということです。

変化を起こす目標、それを実行するまでのアクション期間、失敗を繰り返し感覚を身につける時期、そしてそれが新しい自分になるための5年＝43,800時間です。

44

I believe

私はニューヨークで幼少期の教育を受けたので、オバマ氏が大統領に決まった瞬間にものすごいことが起きたと感じました。

その時に聴いた、I Believe（Obama Tribute）by R Kelly の音楽は一番好きな曲でした。すごく元気が出ます。I believeというフレーズが４分ほどの曲の中に何度も繰り返されるので洗脳されてしまいました。

そうです、行動する最初のステップはまずは自分を信じることです。この曲は間違いなく元気が出る曲です。ぜひ聞いてみてください。

45

すべては自分
でも、いくつもの自分を持とう

私は両親にとって「息子」であり、姉妹にとっては、「兄」でもあり「弟」でもあります。会社の「社長」という立場もあれば、家では「夫」、「父親」と役割があり、社会での自分、友人と接する時の自分、家族といる自分、どれも役割や接し方が違いますが、すべて自分が軸になっているということです。

何かをする際にも、常に自分が主語になるわけです。でも仕事をしている自分がすべてではありません。仕事がつまらなくなったり、生きがいを感じられなくなった時も、他の自分がいると考えれば救われます。一つの役割がすべてではないと思うのはきっと心を軽くしてくれるはずです。

46

PlanとCheck が多い現場では何も運は動かないDoとActionこそ重要

PDCAサイクル。Plan Do Check Action は一般的に知られていますが、実際の現場では Plan と Checkがされていても、Do と Action ができていない場合が多いと思います。しかしPDCAではDoとActionが最も重要なポイントです。

もちろん失敗やつまずきもあります。新しいチャレンジとは、たとえば知らない森に入るようなものです。森に入れば、蚊に刺されるし、落とし穴もあります。しかし、次に森に入る時は、虫除けスプレーを持っていったり、一度通った落とし穴には落ちないはずです。

そう、落とし穴に落ちてもいいのです。それはすなわち学習であり、経験値を高めるためにはDoとActionが PDCAの中で大切ということ。

どんなプランも計画も実行＝Doに移さなければ意味がありません。またDo も Action も当事者意識を持たなければうまくいきません。自分の責任で失敗をすることで、何がいけなかったのか？ と失敗の原因を考えることができます。

失敗は理由が必ずあります。同じ失敗を繰り返さないのがポイントです。

47

最低3回は会う
相手のクオリティを見抜くこと

あるお店に3回以上行くと、そのお店が好きになります。

最初はどんなお店かな？　という程度。メニューなどを知り、雰囲気がわかる。トイレの位置を知り、横で美味しそうなものを食べている人がいれば、また次回に食べてみようと思う。

2回目に行った時は以前の情報があるので、違った食べ物を頼んだり、最初に食べて美味しかった物をまた頼むことも、一緒に来ている人にトイレの場所を案内することもできます。

多くのお店がある中、3回行くということは、それだけそのお店のクオリティが良かった、気に入ったということ。


お店を仕事の相手に置き換えた場合、1回目ですべてをつかみきることは難しい。だから2回目に会う機会はとても重要。しかし、それ以上会う場合は相性がよかったり、もう一度会ってみたいと思う何かがあるということなのです。

48

努力と目的意識の相乗効果

高校3年生の時、「自信は努力から」という言葉を湯島天神で見たときは衝撃的でした。努力すればいいのだと、とにかく一つ一つのことを一生懸命やるということでした。そのための4つの法則を考え、10代はそれに従って生活を組み立てました。

1．preparation→準備した人は強い。あわてない。

2．人に聞く→分からなければ、聞く。そして盗む。

3．believing is seeing→見えないから信じる。

4．先延ばしはしない→今日できることは今日やってしまったほうがいい。

20代はお金の法則や、経営者の自叙伝、ビジネス本を徹底的に読みましたが、ある程度読むと共通点が分かりました。それが「先を見据えたビジョンを持つ」でした。

私の好きな話で、工事現場の二人の労働者に「何をしているの？」と聞くと、Aは「レンガを運んでいる」、Bは「学校を作っている」と答えるというのがあります。同じレンガを運ぶ動作でも目的意識の違いで過程がまったく変わっていくのです。

49

エスカレーターが止まったら立ち止まりますか？

自分の足で歩くこと

私たちの生活はほぼ自動的に動いています。人生はエスカレーターだと考えてみてください。そのエスカレーターに乗っていると前に進みます。ただし、そのエスカレーターが故障して止まった場合、そこに立ち止まりますか？

以前、ある投資会社のCMを見ました。エスカレーターが突然止まります。乗っていた男性と女性が、「すみません、ここに二人いますが、エスカレーターが止まったので動けません！　どなたか助けてください！」と助けを求めるという内容です。

そうです。エスカレーターが止まったら、自分で歩き出せばいいのです。

しかし、あまりに自動的な人生に慣れてしまうと、思考も停止してしまいます。

何か起きたときにも自分で動くようにしなければなりません。走っても、歩いても、スキップしても、匍匐前進でもなんでもいいのです。自分の力で前に進む訓練をしましょう。

50

時間通りに始める
時間通りに終わる

私がミーティングの時に意識しているのは、時間通りに始めるということです。

たとえば、15時に開始するミーティングなら、たとえ誰かが遅れても15時ちょうどに開始するということです。時間通りに開始することが、時間通りに来てくれた人たちへの礼儀です。

また終わる時間の5分前に終了するようにします。次の予定がある人もいるからです。時間通りに始まり、時間通りに終わるから集中力も保てます。もちろん、内容や状況によって多少の変動はあると思いますが、時間通りに開始、終了するのはとてもよいことだと思っています。

51

公に報いる

ニューヨークの小学校では、ハロウィンでtrick or treatをやっていました。

〝お菓子をくれないといたずらしちゃうよ〟。そのtrick or treatをする際、お菓子をもらうだけでなく、ユニセフの箱を持って寄付するためのお金を集めたり、家にある缶詰を持ち寄って、学校で箱に詰めて赤十字に寄付するためトラックで運んでもらったりしました。Givingという寄付をする文化を、知らず知らずに幼少期から体験することができたのです。

日本はどちらかといえば、その感覚が薄いと感じています。アメリカでは寄付することも助けることも非常に良いことで、企業が継続的に成長していくということももちろん重要ですが、その利益をどこに還元するかが問われます。

なんらかの形で利益を社会に還元する、公に返すという意識が必要であると最近強く感じます。その意識を自分自身の中に持つことで、より社会的な人間へと成長できます。

52

人生はプレゼンテーション

伝えるパワーに全力を注ぎこむこと。自分の伝えるパワーが効果的になればなるほど、キャリアの成功の確率は高くなります。

そして人生はプレゼンテーションと考えること。打ち合わせの準備、デートに行く場所の選定、会食をするレストラン、着る洋服など、すべてがプレゼンテーションです。自分の行動や言動、考え方はすべて他人からしたらプレゼンテーションです。大事なのは一貫性と継続性です。

自分が集中した時にだけ本気を出したとしても、普段がいい加減であれば、その印象が自分のプレゼンテーションだということです。私はマイケル・ジョーダンが好きです。彼はファンが一瞬でもジョーダンを見たら、「ジョーダンを見た！」と騒ぐことを知っています。そのため、どんな時でもしっかりとした格好で人前に出ます。

私は、自分の仕事や、やっていることを初対面の人には必ず話します。自分を伝える必要があるからです。この自分を伝える内容、伝え方が最も重要です。適当に自分をプレゼンテーションすれば、適当な人間だと受け止められるだけです。

53

ステーキを食べながら、次の一切れを切る

何か行動を起こす時は、常に次の動きを考えておく必要があります。

サッカーであれば、ボールに触れていないときでも、次にどう動くべきか？　ロケットであれば、第１ロケットと同時に第２ロケットも準備しておくこと、ステーキを食べるのであれば、口にステーキを入れている時に、次の一切れを自分で切っておくということです。

次の動きを考えて行動しなければ、動きに無駄が出るのと同時に時間を無駄にする結果となります。次の１歩、半歩先のやるべきことを意識して行動しましょう。

54

If you can dream it, you can do it

ディズニーランドに行ったことがあると思いますが、この〝おとぎの国〟の創設者ウォルト・ディズニーの言葉に、If you can dream it, you can do it. というのがあります。

夢を見ることができれば、それは実現できる。その通りだと思います。夢を持つ人だけが、誰にもなし得なかったことを実現できるのでしょう。彼ほどではなくても、自分の夢を持つこと。日々の生活の中でも必ず、なんらかのイメージを持って行動するようにしています。

さて、彼がこのフレーズに付け足して言ったのは、I started with a mouse. ねずみと始めたんだよ、と。ユーモアも人生にとって大事な要素です。

55

失敗することで始まることもある

仕事で知り合った60歳代の方がどうしても蕎麦屋をやりたいという思いがあり、起業しましたが半年で潰れてしまいました。

周りから言わせれば、蕎麦がまずかったという話です。失敗した後に、彼が旧知の会社の社長と話した時のこと。

社長：あの蕎麦はマジでまずかった。なんだあれは！

起業に失敗した方：そう、あれはまずかった（笑）。しかし、蕎麦屋で失敗してよかった。もしやっていなければ、一生、蕎麦屋をやっておけばよかったと思っているだろうな。ただ俺は、蕎麦屋や経営に向いていないことがハッキリしてよかったんだ。

この話のポイントは、好きな人に気持ちを伝えないのとも共通します。告白するということは緊張するし覚悟のいることですが、言ってみなければ何も始まりません。

56

小さくスタートしてみよう

よく、「どうやったら行動できますか？」と聞かれますが、何をするのでも最初は小さくスタートしてみましょう。

たとえば、好きな人がいるのに声をかけられない場合は、「いま何時でしたっけ？」と声をかけてみるのです。余計なことは言わなくていい。「今日の髪型は素敵ですね」とか「洋服が似合いますね」などの褒め言葉はこの段階では要求されません。次に、場所を聞いたり、調子はどうかなど日常会話をしてみましょう。このように少しずつ会話ができるようになったら、少しずつ前進してみればいいのです。

行動も最初から大きく一歩踏み出さなければならない、ということはありません。小さな一歩でもいいのです。そして次につなげる。徐々に大きな歩みになっていくはずです。でも、最初の一歩＝行動がないと何も生まれません。

57

リスクをとれますか?
世界で勝つために必要なこと

私は日本とアメリカで育ちました。両方の文化を経験し、言葉や考え方を学ぶ機会に恵まれたことで、多くのことを体得しました。

アメリカで学んだことは、アメリカ人は自分の夢を実現することに集中しているということです。多くのアメリカ人は何でも可能だと信じています。その例として挙げられる人物は数えきれないほどいます。マイクロソフト社のビル・ゲイツ氏、フェイスブックのマーク・ザッカーバーグ氏、歌手のレディー・ガガ氏、アップル社のスティーブ・ジョブズ氏などがそうでしょう。

では、なぜ彼らはそう育つのでしょう？

アメリカでは幼い頃から自分を信じるように教えられます。幼い頃から自分の生きたい人生を生きなさいと教えられています。そこには当然、リスクも伴います。

ところが私の経験上、日本では自分の好きなことを追求するよりも、集団としての調和や協調性を重視した教育をされるように思います。私たちの先生や親は私たちを愛してくれますが、リスクを負ってまで私たちの可能性を引き出そうとしない側面があります。要するに私たちはリスクを引き受けることを教わっていないのです。

これからの時代は、多少のリスクを背負ってでも夢を追求しないと、世界で活躍することはできません。

58

卒業証書よりも大事なこと ビジョンと主張、経験とスキルの時代へ

時代が移り変わっています。

良い学校へ行くことが、良い企業での良い仕事へとつながる時代は終わりました。今の時代ではスキルや経験のほうが、卒業証書よりも重要です。試験で数値や歴史上の事実を並べることができるよりも、ビジョンや主張があることを示すほうが価値があります。経験とスキルを持った人が勝者となる時代へと加速度的に移り変わりつつあります。

あなたもそのような人になれます。

人生は短いです。あなたの人生を思い通りに過ごすことは可能であり、またそうあるべきです。しかし、私たちの多くはあらゆる状況や運命により、好まない会社やキャリアに就いてしまいます。もしくは、理想とはほど遠い人間関係に縛られるなど、思い通りでない状況を「しょうがない」から受け入れてしまうことがあります。

しかし、そこを変えていく力となるのはビジョンと主張、そして経験とスキルです。

自分の好き嫌いに誇りを持とう

人生でやりたいことを見つけるのは簡単ではありません。「大きくなったら何になりたい?」と幼い頃から何度も聞かれてきたでしょう。私もさまざまな習いごとや得意科目などから考えてもなかなか見つからず、やりたいことが何か迷っていた時代がありました。

しかし、私たちにはそれぞれ生まれ持った才能が何かしらあります。それを探し当て、開発し時間をかけて築き上げていく必要があります。

たとえば主婦はとても重要なスキルの集積です。朝を迎え、子供たちを学校へ行かせるための時間術、子供や夫を管理するためのコミュニケーション術、他の親やママ友、学校関係者との関係を築くための社交術等もそうでしょう。

さらに大事なのは、自分に誇りを持つことです。

主婦であることが好きであれば、それは素晴らしいことじゃないですか! 芸術家であることが好きであれば、最高じゃないですか! タクシーの運転手になりたければ、ぜひともなってください! 人生において、いかなる道や趣味、関心事、スキルを選択したとしても、自分という人間や自分のすることに誇りを持ちましょう。自分の考え方や感性に誇りを持ちましょう。

皆が同じであれば、世の中は実につまらないのですから。

60

コップに水は半分満たされているか？
半分減っているか？

私が小学校の時に教わったことです。

コップの水は半分満たされているか、半分減っているか。

この考え方を物事を考えるときの基準にしています。あと2日しかないのか、まだ2日あるのか?

見かけで判断するというのも一つのバイアスがかかります。髪が金髪で鼻にピアスをつけている人に会った時、「なんだこの格好は?」と最初に思うかもしれない。それがコップの水が半分減っているという見方です。日本は減点社会だと思います。友人関係や付き合いは減点方式である必要はありません。

物事を見るときに、どうしても嫌なところに目がいくと思いますが、大切なのはポジティブなプラス面に目をフォーカスすることです。


さて金髪で鼻にピアスの人に会った時、コップに水が半分満たされているという視点から、その人をどう評しますか?

61

1年後、5年後、10年後にどうありたいですか?

私は現在35歳です。これまで何度も1年後、5年後、10年後にどうありたいか自分に問うてきました。なぜかと言うと、この質問は短期的、中期的そして長期的な目標へとつながるからです。将来への戦略を立てるのに、この3つの時間軸が必要です。

10年後をひとつの目標とするのには、さまざまな理由があります。

2005年からのこのたった10年でも、世界は画期的な変化を遂げています。スマートフォンや、ソーシャルネットワークだけでなく、技術革新は高速で進んでいます。今から10年後には、自走する車があるかもしれません。グーグル社はすでに実用化へ向けて開発を進めています。ガンに関しても、症状が起きる何年も前にガン細胞を察知し、成長を抑制することができるかもしれません。広大な海を今のように10時間ではなく、3時間で渡ることができるようになっても不思議はありません。

そう考えると、自分の人生のこれからを想像するのに10年というスパンは現実的な時間軸と思えます（さらに時代が進むと5年後が未来にいちばん近くなるかもしれませんが）。

62

脱・既成概念

これからの時代には、既成概念にとらわれない考え方が必要となります。

日本で生まれ育つと、幼い頃から同調することを教えられます。文化的規範に同調し、先例や前例を疑問視するのではなく、受け入れるように教えられます。意見を聞かれるのではなく、どのようにすべきかリーダーに指示され、追随します。

その結果、どうなりますか？　私たちはリーダーに追随する大人になるのです。

「既成概念にとらわれない考え方」をするというのは、「違う考え方をする」ということでもあります。既成概念に制限されないでください。より先を見越せば、選択肢は無限にあるはずです。柔軟な発想ですべての選択肢を考慮しましょう。そして重要なのは、その上で最良と最悪のシナリオを描いてみることです。

たとえば、現職を辞めるとしましょう。起こり得る最良と最悪の見通しは何でしょう？　次の職を探さずに辞めてしまえば、無職となるでしょう。しかし、次の職場を探してから辞めればリスクを軽減できます。反対に、今の職場に留まるのがあなたにとって最善の策かもしれません。ありとあらゆる人がいます。同じ会社に40年勤めることは決して悪いことではありません。同様に、新しいことに挑戦するのも悪いことではありません。すべては既成概念にとらわれず、新たな視点で考えた結果であることが重要なのです。

63

自分の基準を持つこと

自分がいいと思っていることを、自信を持ってできるかどうかが重要です。意思決定です。

多数意見が正しいとは限りません。たとえば、グルメサイトで星が1個でも、実はいいお店はあります。つまり、何を自分の基準として持つのかを考えることが大事だと思っています。

私自身も来年まったく違うことをしているかもしれません。本を書いたり、新しい会社を作るとは思ってもいない時期がありました。

その時その時で、自分が好きなことをやるほうが楽しいし、そこには自分の基準が常に働いているということです。人の意見よりも自分の基準を大切にしてください。

64

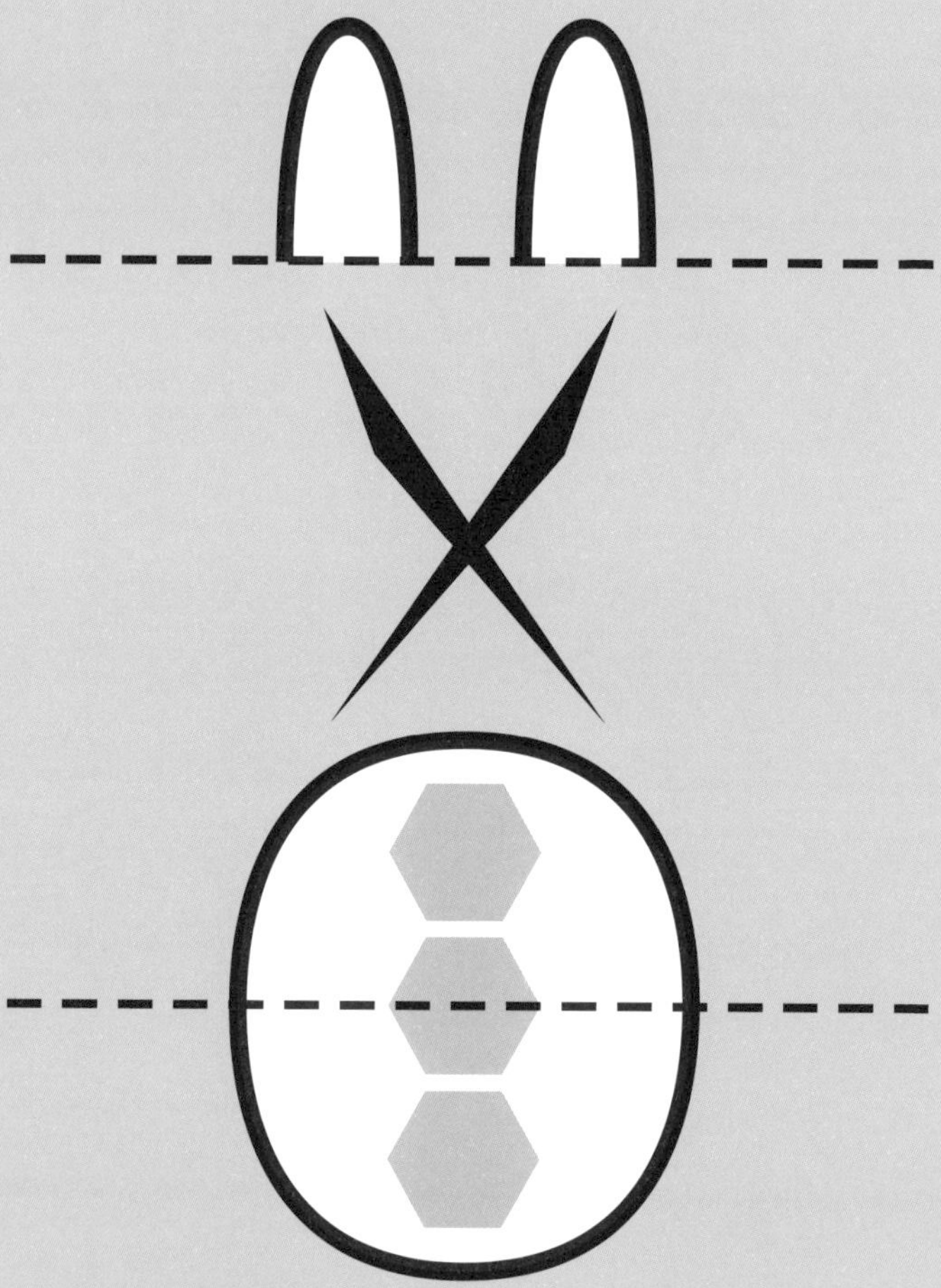

ウサギとカメ

イソップ物語の『ウサギとカメ』は誰もが知っている童話です。ウサギとカメが競走をし、ウサギが居眠りをしているうちに、カメが着々と歩みを進めて勝ってしまったというお話です。

ここで問題です。ウサギとカメが競走することになりました。ウサギは居眠りをしません。法律違反をせずにカメがウサギに勝つ方法を考えてください。

カメがウサギに勝つ方法はいくつか考えられます。

1．ゴールを海の中に設定する。ウサギは陸上ではカメより速いですが、水中ではカメにかないません。

2．ゴールを50年かかる場所に設定する。カメとウサギの寿命は違います。

あなたの答えはどんなものでしたか。ここではどんな思考が必要だったでしょうか。答えを導き出すにはまず、ウサギとカメを比較しなければなりません。ウサギは足が速い。カメは遅い。しかし、カメは泳げるので海では速く進むことができます。ウサギは泳げない、もしくは泳ぐのが遅いです。つまり、両者の長所と短所を比較することが、答えを導き出す方法です。

人生やビジネスでも同じことが言えます。自分と相手のことをわかっていなければなりません。自分の長所や得意なことを明確にし、自分の戦う場所を選ぶことが成功への鍵となります。

65

起業したいなら

起業する際に、賢明なプランを立て、可能な限り優秀な人材を探し当て、資金調達を行えれば、成功の確率は上がります。加えて、影響し得る外的要因をも考慮できれば、さらにその確率は上がるでしょう。私もこれを実行しています。

私は明確なビジョンをもとに起業しました。そのビジョンを持って事業計画を立て、ビジョンに合う人材を雇い、ビジョンにそった潜在的な顧客と連絡を取りました。

その道のりではさまざまな問題にも直面します。しかし、そこに独創的なアイデアがあれば、新たな道を発見することができる。そう信じて、独自性を追求してきました。

なぜ日本に起業してその会社が日本のみならず世界をリードするまで革新を続ける人があまりいないのか、不思議に思います。このような前例は数少ないですが、楽天の三木谷浩史社長などがその一人でしょう。

また、ソニーの故盛田昭夫氏もしかりです。では、このように自らの企業を世界で競争できるレベルまで突き進めた真なる革新者や、リスクを覚悟でやってみる人を10人述べよと言われたら、答えられますか?

これからの日本は、独創的な思想で考え、またリードするような革新者で満ち溢れた国でなければなりません。

66

アイデンティティをデザインする

あなたも既成概念にとらわれない人間になれます。誰もがこの可能性を秘めているからです。問題は自らの真価を発揮できるか否かです。誰でも自分のアイデンティティ（独自性）をデザインすることができるはずです。その原動力となるのが、自己発見とスキル開発です。

では、どのようにして自己発見すればいいのか。そのための第一歩となるのは自分を理解することです。あなたを突き動かすものは何なのか？　あなたを夢中にさせるものは何なのか？　あなたの得意なものは何なのか？　自分を冷静に分析する過程で、自分の強みと弱みを把握できるようになります。それこそが、アイデンティティのデザインです。

これができたら、成功へのプランを立てましょう。スキル開発する方向は明確なはずです。この時点であなたはもう、既成概念にとらわれず、自分の可能性を拓く旅に出ていることでしょう。

あなたの制限は何?

誰にせよ、制限があります。

どうしても受け入れられないことやしたくないことがあります。それは自然なことです。でも、その制限は何ですか？　そして、それらの境界線をあなたはどのようにして決めましたか？　受け入れ可能なものを制限するのはあなただけです。その制限を決めるためには何らかの基準があるはずです。では、私たちが設ける制限はどれだけ現実的なのでしょうか？　そして、それらには自分の限界を押し広げる努力が見られますか？

制限は往々にして幻想です。ついては、あなたの欲望、能力、今後の発展や夢に基づく目標を設定してください。われわれは自分の快適空間に居続けるために、しばしば自らに制限を設けます。しかし、その快適空間は現実的でしょうか？　快適空間にいるのは容易だからというだけで、そこに居続けていませんか？

安易な道は成長の道とは限りません。成長するためには限界を押し広げるのが必要であると私は感じます。成長を遂げるどの企業も人間も同様です。

なぜ、あなたを選ばなければいけないのか

自分マーケティングの究極は、「なぜあなたを選ばなければいけないのか」ということです。面接で、なぜあなたを選ばなければいけないのか。仕事を依頼するとき、なぜあなたの会社を選ばなければならないのか。即座にこの質問にわかりやすく、もっともな理由を答えられるでしょうか。出身大学が東京大学の人はたくさんいます。ビジネスにおいて、同業他社はたくさんいます。なぜあなたを選ばなければならないのでしょうか。

あなたの強みは何ですか。あなたはどんな価値観ですか。あなたは今までどんな経験をしてきましたか。

自分という人間がどういう人間なのか明確にすることは、極めて重要なことです。

69

成長の条件

マーケティングでよく使われる「innovate or die（革新しなければ、生き残れない）」というフレーズがあります。リスクを負い、自らを駆り立てずに生存、繁栄できる企業なんてあるでしょうか？ UNIQLOが山口でこじんまりと事業をしていたら、世界的な企業へ成長できたでしょうか？ 1946年に、SONYが一つの百貨店に留まっていたら、世界的なプレイヤーへと成長できたでしょうか？ Apple社やGoogle社もしかりです。

これらの企業はリスクを恐れない、常識を覆す覚悟のある数人の革新者により発足しました。あなたもそうしてください。計算されたリスクを引き受け、自分を駆り立ててください。リスクはリターンにつながることがあります。うまくいかないと確信するまで、「NO」を口にしないでください。

始めは小さな一歩でも、新しい世界へ踏み出してください。いずれ大きな歩みとなるでしょう。自分の本当の制限を知るのにうってつけの方法は、制限を明確に定義し、それらが限界である要因を特定して、乗り越えるための解決策を見出すことです。

変わりたい気持ちを駆り立てる

自分を進化させるには、自分を変えるには何が必要か。

ゴルフ選手を例に考えてみましょう。

タイガー・ウッズ選手や石川遼選手も、トップになるという明確な目標へ向かっての一途な努力なくして頂点に立てたでしょうか？

日々の継続的な練習なくして、トップになれたでしょうか？　答えは「NO」です。勝つためにはハングリー精神が必要です！

トップに君臨し、またそこに居続けるためのあらゆる要素を取り込んだ優れたプランのもと、レーザー光線のような一途な集中力が必要となります。

私たちもある意味、時代というレースに出ていると考えれば、いつまでも今のままでいいワケはありません。自分の夢を実現するという目標を立て、そのための毎日の過ごし方は何かを考えること。目標達成のために毎日時間をかけるという〝気構え〟が必要です。

行動を起こすことにYES！

前向きな心構えはあなたの強い支えとなります。肯定的な考えは肯定的な思考を促進し、楽観的思考はアイデアを創造し、実施するにも不可欠です。

悲観的になってしまう時は誰にでもあります。このような時には思考回路を変えることが大事です。ではどうすればいいのか。杉山流対処法を紹介します。

とにかく叫ぶことです！　叫ぶ！　ほとんどの人は怒る時にしか叫びません。

では、嬉しい時に叫ぶのはどうでしょう？　もしくは、勢いをつけるために叫ぶのは？　日本では一般的に叫ぶことは否定的にとらえられています。しかし、叫ぶ行為には物事への姿勢を強化する心理的な作用があります。前向きなエネルギーを表現し、思考回路を活性化します。

ある友だちはプランを立てたものの、それを実行できるかどうか不安に思っていました。その時は東京の六本木ヒルズ前にいましたが、「叫べ！」とアドバイスしたら、彼は実際に大声で叫びました。そして、やる気が湧いてきたと言いました。自信のない人には大きな飛躍ともなり得ます。

自らを確信させてください。自分のアイデアを叫ぶように自らを促し、将来を組立てていってください。

では、どうぞ叫んでください！

72

健康的に生きる

健康的に生きるとは何を意味しているのでしょう。私は前向きな心と身体、仕事と私生活のバランス、身体への気遣いだととらえています。

私は毎日、運動を優先的に行っています。出張などで、いつも通りの運動手段がない場合でも何らかの運動をするように心がけています。身体を大事にすれば、身体も私のことを大事にしてくれます。健康的なものを食べ、十分な睡眠をとりましょう。前向きな考えを持ち、よい人と過ごしましょう。日々、自分以外の人を助けましょう。自分や周りの人間を褒めましょう。自分を大切にし、自分も大切に思える人と時間を過ごしましょう。当然な話です。

73

急がない

急がずに時間をかけましょう。急ぎ過ぎるのはよい戦略とはなりません。駆け込み乗車をする人をよく見掛けますよね？　スレスレのところで乗車できる人もいますが、彼らは時間を短縮することができたでしょうが、周りの人に迷惑をかけ、悪い印象を与えてしまったでしょう。

人生を変えるプランを準備できていないまま、急ぐ人に関しても同じことが言えます。時間はあるので、そんなに急ぐ必要はありません。

私は一つの分野や技能においてトップの人を真似るのが好きですが、彼らは間違いなく物事の開始や終了を急ぎません。急ぐと最終結果は良いものにはなりません。時間をかければ、あなたのプランの成功する可能性は高まります。

74

家族

人生を変えようとする際に最も力となり得るのは家族です。あなたの両親は理想的な支持者でしょう。また、兄弟や親せきもそうである可能性が高いでしょう。ただ、その中にはあなたの将来を案ずるあまり、あなたの人生における劇的な変化を起こすことに反対する人もいるかもしれないということを気に留めておいてください。

彼らの目的はあなたにとって一番いい方向へあなたを導くことです。そして、それはとても高潔なことです。しかし、あなたのプラン次第では、リスクの高い危険な行動とみなす人もおり、彼らはやめるべきだと言うでしょう。

しかし、あなたの人生においてあなたは何でもできるのです。あなたの人生における決断の最高責任者はあなたです。あなたのプランが熟考された堅固なもので、あなた自身の意欲が高ければ、そのプランが成功する可能性は高いでしょう。ですから、このような意見の衝突があるかもしれないということだけを心に留めておき、ぜひともやりましょう！

75

日本で一番高い山と二番目の差

私は15歳の時に王貞治さんにインタビューをしたことがあります。その時、私は王さんが誰だか知りませんでした。通っていた塾で、物おじしない中学生を探しているということで私が指名されました。自分で好きなことを聞いていいよと言われ、最初に聞いたのが「王さんは女性にモテましたか?」でした。

「そうだなぁ。ホームランをたくさん打つようになってから、少しモテるようになったかな。やはり女性は強い男が好きなのかもしれませんね。それまでは目がギョロっとして怖そうに見えたのか、あまり女性にはモテなかったよ」

この質問をきっかけに会場もリラックスし始めました。

15歳の中学生の私はモテたかったわけです。そして逆に王さんからされた質問がこれでした。

「杉山君、日本で一番高い山知っているだろう?」「富士山」と私。「じゃあ二番目は?」「……」答えられない。これこそ世界の王さんならではのメッセージでした。一番と二番はそれほど差があるよ、と。二番も三番も四番も五番も一緒だと。

そしていただいた色紙には「杉山大輔君　94年1月18日　努力」と書かれていました。トップを目指さなければ、決してトップにはなれないのです。

76

ゆでガエル現象

ゆでガエル現象という言葉を聞いたことがありますか。

熱湯と常温の水を用意します。熱湯にカエルを入れると、その熱さに驚いてすぐに飛び跳ねて脱出しますが、常温の水に入れてから徐々に加熱していくとそのままゆであがってしまいます。この現象をゆでガエル現象といいます。

この言葉はビジネスにおいて、戒めの意味で使われています。ゆであがってしまったカエルのように、人や組織も環境の変化に鈍感でいると対応が遅れ、気づいたときにはすでに遅く、取り返しのつかないことになってしまう可能性があるという警鐘です。

あなたは今、ゆでガエル状態になっていませんか？　ゆでガエルにならないためにも、常に周囲の変化に敏感でいることが大切です。

77

紙に書き出してみる

考えるコツは、「紙に書くこと」です。

何かいいアイデアを出したいとき、解決策を導き出したいとき、自分の頭の中のことを紙に書いて視覚化すると思考が整理され、ひらめきが起こります。

たとえば会議の時などは、必ずノートやホワイトボードに書きながら考えます。さらに、図解化すると驚くほど思考が整理され、頭の中がスッキリします。そうするといいアイデアが浮かびやすくなります。マインドマップもオススメです。

ぜひ書き出してみてください。頭の中だけで考えているのと違いがわかるはずです。

78

成功するまで演じ続けろ

夢を語る自信がない、と相談されることが多いのですが、そんな方々にこの言葉を贈ります。"Fake it, until you make it."（成功するまで、演じ続けろ）自分が成功するまで演じるという意味です。そのためにすべきことは、口に出してみることです。言えば自信になります。言わなければ、夢や目標は叶わないと思っています。

私はこれまで「私の哲学」というテーマで、各方面でご活躍されている方々に定期的にインタビューをしています。タリーズコーヒー創業者の松田公太氏や日本ユニシスの島田精一氏、建築家の鈴木エドワード氏などです。

インタビューをしていて気づいたことは、成功する人たちは、自分が成功している姿を以前からイメージしていたということです。成功者は常にイメージングしているのです。つまり、自分が成功している姿をイメージして、それを演じることが大切なのです。

夢を語ることは恥ずかしいことではありません。夢は大きいほどいい。自分でしたいことがあるのだったら、堂々と周りに言えばいいのです。バカにする人がいたとしても無視すればいいのです。夢を語っていると、協力してくれる人が現れるかもしれません。しかし、言わなければ誰もあなたの夢を知ることはできません。自信を持って夢を語りましょう。将来、あなたはその通りになっているはずです。

79

I can do it, You can do it.

"I can do it, You can do it."これは私が大好きな言葉で、自分自身や誰かを励ます時に使います。かつて、ボランティアでセブ島に出向いた時のこと。島の孤児たちは最初、警戒心もあってか、あまり明るい表情はしていませんでした。彼らの表情を見て自分にできることは何かを考え、孤児たち一人ひとりに将来の夢を聞いたり、腕相撲をしたりしました。そうしていくうちに徐々に打ち解け、子供たちは素の表情を見せてくれるようになりました。そして最後に、「I can do it! You can do it!」とお互いに言い合うと、自信に満ちた表情をしてくれたことを今でも鮮明に覚えています。

感情がこもった言葉には、人を元気にする力があります。自分が自信を失いかけたり、くじけそうになったりしたとき、"I can do it!"と感情を込めて自分自身に言いましょう。誰かが、暗いトンネルの中にいるときや、夢に向かって頑張っているとき、"You can do it!"と感情を込めて言ってあげましょう。この本が少しでもあなたの人生を勇気づけ、あなたの人生を変えるきっかけになれば嬉しく思います。あなたは、夢を叶えて必ず成功することができますよ! You can do it!!

3回同じことをすると当たり前になる

人は、最初の変化に気づく、驚くということがあります。しかし、2回目にも継続的に同じ変化をすると、そうなんだと認識してその行動＝あなたと認識するようになります。3回目に会った時に、同じことをしていれば、それが普通の状態になります。

たとえば、打ち合わせの時に、スーツを着たほうが適切だと思われる場に普段着で参加した場合、最初は「この人わかっていないいな」と思われるかもしれません。

2回目に同じメンバーで参加した時、前回の普段着はまずいと思って、スーツに変えるか、同じ格好で参加するかの二択になります。自分のファッションにポリシーがある人は、自分の好きな服を着る人が多い。つまり、2回目に普段着を着た場合、それがこの人の普通なんだと認識されることになります。3回目もまた普段着。これはその人の印象となります。

何か新しい行動にチャレンジした場合、周りが違和感を感じることはあります。ただ、考えてみればそれほどあなたの変化や行動を四六時中見ているわけではないのです。自分がいいと思ったようにチャレンジすれば、それが周りからの見方にもなります。

81

懐に飛び込め

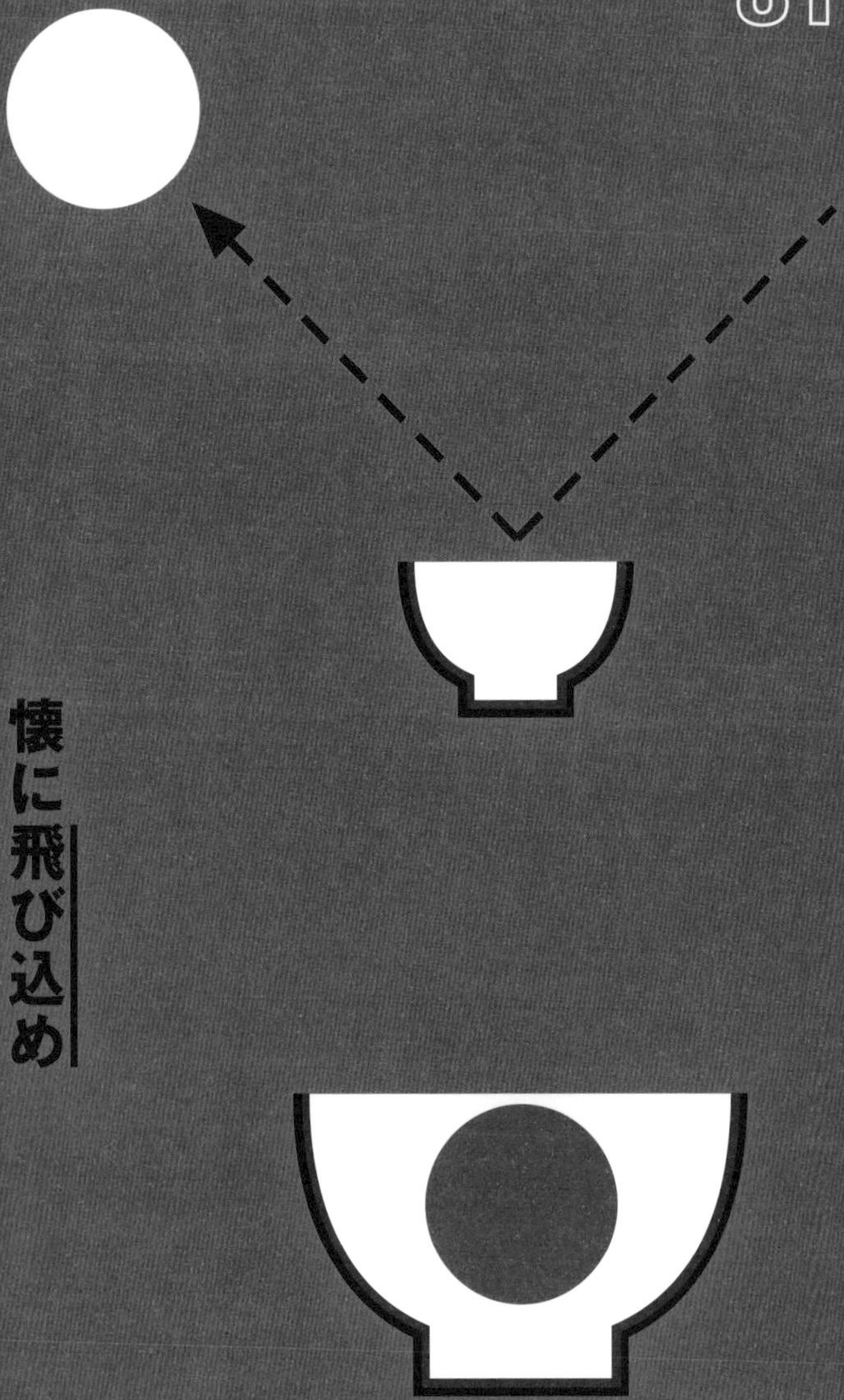

「懐が深い人は受け入れてくれる」。私は器の大きな方々のおかげで今の自分がいると確信しています。なんだかんだ文句を言ったり、揚げ足をとったり、陰であれこれ言う人は器が小さいのです。

「私の哲学」という私の会社が企画・運営しているインタビューシリーズに登場してもらった肖像写真家の海田悠氏は、40代のときに高度経済成長を支えた日本の経営者130人を撮影されました。

撮影は相手の会社で行われ、それは敵陣に乗り込んで行くようなもので、当日は朝風呂に入って身を清め、素のままの自分で行くことに努めたそうです。素の自分で自分より年上の経営者の懐に入っていくと、みなさんどんと受け止めてくれ、撮影はスムーズに進み、いい表情の写真が撮れたという話をしてくれました。

私も、ありのままの自分で年上の人の懐に飛び込んで行き、すんなり受け入れてもらったという経験を何度かしたことがあったので、海田氏の話はとても印象に残っています。

会いたいと思う人がいるならば、十分に準備をして、行動する勇気を持って、懐に飛び込みましょう。そうすれば必ず受け止めてくれます。もし受け止めてもらえなかったら、相手が器の小さい人だったということです。

82

何かを諦める時、社会の評価は気にしない

夢や目標を途中で諦めた時、失敗したとか、負け犬だとか周りの人はいろいろなことを言うかもしれません。しかし、そうした社会の評価は気にしないことです。

私は以前、毎週土曜日、子供たちに英語を教えていました。始めて1、2年経った頃、通信教育で保育士の資格を取ろうとしました。保育士の資格を持っていたら、保護者が安心できると思ったからです。ところが、果たして本当にこの資格が必要なのか疑問に思い始め、途中でやめて、資格は取得しませんでした。ただ保育士の勉強をしたことで、緊急時の対応や保育園の仕組みについて確かな知識を得ることができました。誠心誠意教えていたことで、保護者の方々が不安に思われることはなかったのでしょう。資格なしでも保護者の信頼を得て、9年間英語教室を続けることができました。

頭で思い描いたことも、それが本当に必要なことなのか、自分に向いているのかいないのか、実際に行動してみないとわからないことがあります。でも行動を起こしたことで、その過程や結果において得られることはたくさんあります。だからチャレンジしてみることが大切で、たとえ途中で諦めたとしても、周囲の評価は気にしないことです。途中で諦めたり、方向転換したりすることも時には必要で、そのことに対する周囲の評価は関係ないのです。

83

頭が圏外になっていたら どんなに良い情報があってもキャッチできない

ここで一つワークをやってみましょう。一度周りをよく見渡して、質問を読んでからすぐに眼を閉じてください。質問です。今あなたの周りに赤いものはいくつありましたか？　必ず目を閉じて考えてください。

答えが出たら目を開けて答え合わせをしましょう。正解していましたか？

これで普段、人はそれほど周りを意識していないことがわかります。ところが、赤いものと意識した瞬間から脳は赤いものを探し始めます。それまでＢＭＷを意識していなかったのに、ＢＭＷに乗りたいと思ったときから街中のＢＭＷがやたら目につくようになるのと同じです。

フォーカスすることはとても重要なことです。人生においても、意識して生きるのと意識しないで生きるのとでは大きな差が生まれます。つまり、自分のなりたい姿を常にイメージしていると、脳はそのための情報を意識的に無意識でもサーチし続けます。いくら良い情報が飛んで来ても、頭が圏外になっていたらそのチャンスをつかむことはできません。自分が望む将来像を明確にしましょう。

84

守破離

守破離という言葉を聞いたことがありますか。

「守」は、物事を習う時の最初の心得で、指導者の教えを忠実に守ること。指導者の教えや価値観を自分の中に吸収していく基礎的な段階。「破」とは、指導者の教えを守りながら、自分なりの考えや価値観を加えること。「離」とは、指導者から離れ、自分の道を究めていくこと。

つまり守破離とは、「お手本を守り、その手本を完全にマスターできたと思ったら（守）、その基本に基づいて自分なりの創意工夫をして、確固たる技法やスキルを身につけ（破）、それをさらに極める（離）」ということです。

武道では「型」、野球やサッカーなどのスポーツでも「基本」があります。将棋や囲碁にも「定石」があります。基本をしっかり身につけていないうちから、自己流でやろうとするとうまくいきません。基本はたくさんの経験から培われたものだからです。「守」ができていないうちから、「破」や「離」をやろうとすると、うまくいかないどころか、大けがをしてしまう可能性があります。

ビジネスも同じ。まずは、先輩のやり方を参考にして基礎を固める。基礎ができてきたら、自分なりの創意工夫を加えていく。一人前になって初めて自分流のやり方を極めていく。私はこのような考え方を大切にしています。

最高のシナリオと最悪のシナリオを描く

85

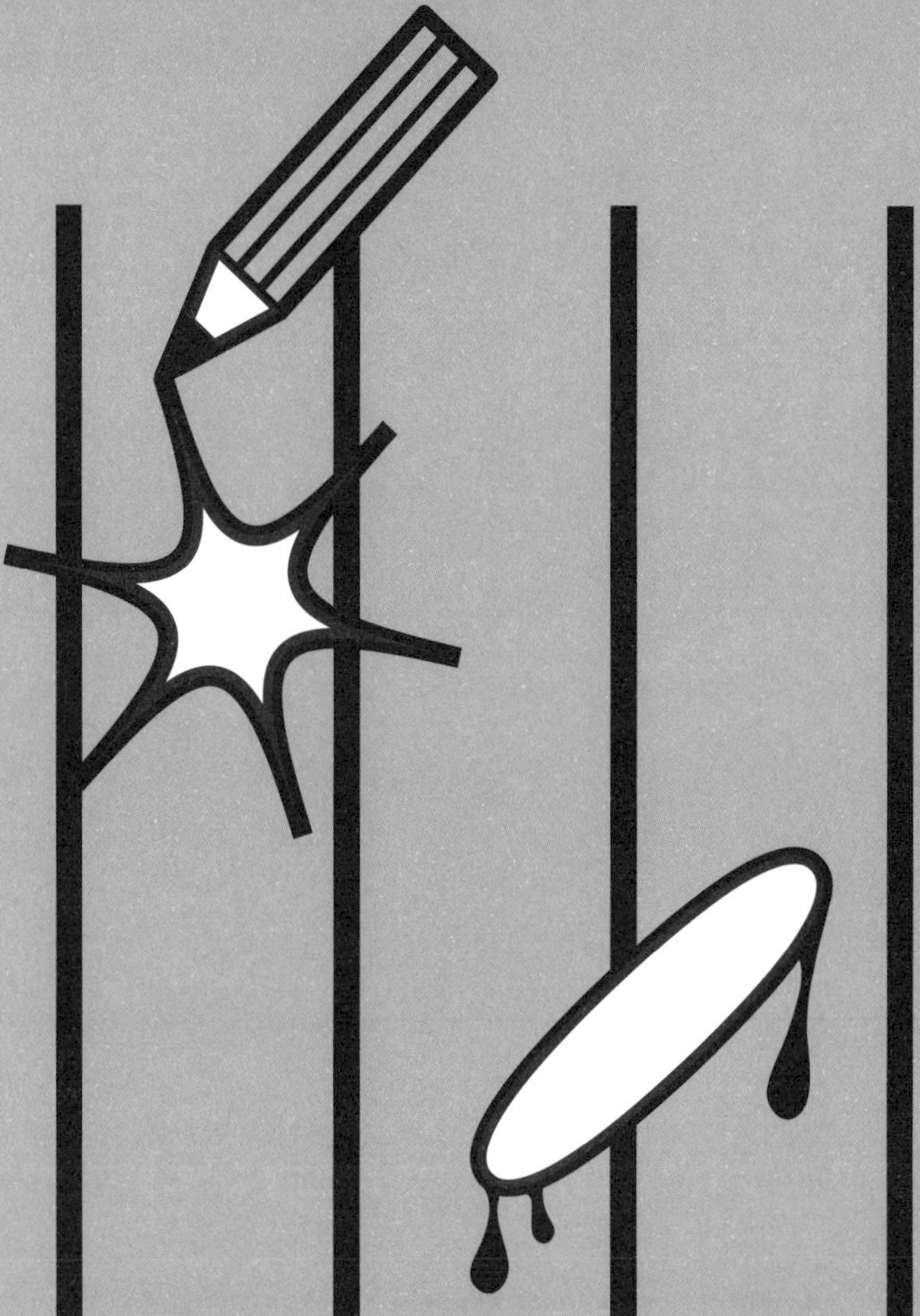

経営者がするべき最重要課題は意思決定です。しかし、意思決定は一番難しいことです。相談は、弁護士や会計士など他のブレインにできますが、何をしなければいけないのか、どうするべきかを決める意思決定は社長の仕事です。

経営者に限らず、みなさんも日常で意思決定をしています。当たり前のことなので普段は意識していませんが、今日の夕食はイタリアンにするか中華にするか、飲み会に参加するか、それとも自己啓発のセミナーに参加するか、果ては誰と結婚するかまで。人生は常に意思決定の連続なのです。

合理的な意思決定をする上で重要なことは、目的にあった手段を選ぶことです。選択肢は今、どれだけあるのか書き出してみましょう。たとえば、留学するという選択肢。就職せずに起業するという選択肢。就職は、果たして最善の選択なのでしょうか？　大きな会社に勤めたからといって成功するわけではありません。求められるのは、あくまでも個人力です。組織に就職しても、個人力が必要です。会社のネームバリューがなくなった時、自分は人から認められるのかどうか。自分の個人力をつけるというのは、今ある自分の選択肢をきちんと書き出すことができるかどうかです。自分の中での最高のシナリオは何か、最悪のシナリオは何か。

まずは、選択肢をすべて書き出してみましょう。

86

自己管理の原則

効果的なマネジメントの定義は、重要事項を優先することです。私の場合、30歳で自分の会社を持って仕事をするという目標があったので、大学生の時に簿記の勉強をしたり、ビジネススクールに行ったりしました。その分、友だちとの飲み会にはあまり参加しませんでした。私にとって飲み会に参加することは、重要事項ではなかったのです。

みなさんに伝えたいことは、重要事項を明確にするということです。リーダーシップとは、重要事項とは何かを決めること。重要事項は何なのかを整理して、自分が現在、将来何をしたいかを明確にすることが一番大切です。そしてそのために今、何をしなければいけないのか整理しましょう。

マネジメントとは、重要事項を優先して毎日瞬間、瞬間において実行することです。自分をマネジメントしなければいけません。それがセルフマネジメントです。自分で自分を律しないと周囲に流されてしまいます。この仕組みができれば、あなたの人生はうまく展開していくでしょう。

87

何のためにやるのかを考え、逆算の発想を持つ

何となくやるのか、お金のためにやるのか、それとも人々の役に立つためにやるのか。あなたはどのような目的意識を持って行動していますか。自分がどういう目的意識を持ってやるのかによって、人生はまるで違ったものになります。目的意識のある人が成功していくのは当たり前です。目的意識をしっかり持って、自分のやるべきことをやりましょう。

目標から逆算する・期限を決める。目標を達成するコツの1つは、目標から逆算して考えることです。目標から現状を引くと、今やるべきことが見えてきます。目標と現状のギャップ、それを埋めることがやらなければいけないことです。

目標を達成する2つ目のコツは、目標に期限を決めることです。私は「30歳までに」と期限を決めたからこそ、自分の会社を立ち上げて、人々に喜ばれる仕事をし、時間も自分でコントロールできるライフスタイルを確立できています。まずは未来を明確にし、そこから現状を引いてみましょう。そうすれば、今やるべきことも明確になります。やるべきことをきちんとやっていけば、目標は達成されるはずです。

88

0を1にする

仕事は自分でつくるもの。それが19歳から会社を経営してきた私の実感です。広告代理店の電通には、4代目社長吉田秀雄氏によってつくられた電通マンの行動規範である「鬼十則」と呼ばれるものがあります。その中に、1．仕事は自ら創るべきで、与えられるべきではない。2．仕事とは、先手先手と働き掛けていくことで、受け身でやるものではない。とあります。私は、仕事は降ってくるものではなく自ら取りに行くものと思ってやってきました。

また、ビジネスにおいては、すでにあるものを改善していくのではなく、今までになかったものを新たに生み出すことが重要だと思っています。しかし、型がなかったものを新たに生み出すのは、すでにあるものを改善していくことよりもはるかに難しいのです。世にイノベーションを起こした企業は、間違いなく今までなかったものを新たに生み出した企業です。アップルにしろ、グーグルにしろ、フェイスブックにしろ、アイデア1つで新たな価値を創造したことにより、世界のトップ企業へと成長しました。

「1を10にするよりも、0から1を生み出す」。私が仕事をする上で大切にしていることです。新たな価値を提供することで、顧客や世の中をよくしていきたい。そう思って仕事に臨んでいます。組織に属していても、自分でビジネスを行っていても、これができる人は、どんどん成功していく人だと思います。

おわりに

自分探しではなく「自分作り」をしよう。

「あなたはできない！」と私は言わない。

でも動いていなかったら、「やり直し！」と言います。

何かができないのは、あなたという存在や人格の問題ではなく「動かないこと」の問題です。

つまり、行動が人生を左右します。

結果が望むようなものにならなくても、

自分を否定するのではなく自分の行動を分析して改善すればいいのです。

行動する勇気。

その一歩が予想のつかない未来につながります。
今日からできること。その答えは自分の中にあります。

眠らない街ニューヨークにて
2015年2月
杉山大輔

謝辞
株式会社ディスカヴァー・トゥエンティワン藤田浩芳様、本当にありがとうございます。
最初の著書『行動する勇気』を書店で見つけて読んでいただき
ご連絡をいただいたことから今回の本が生まれました。
また私と時間を共にしている多くの仲間たちにも感謝しています。
いつもありがとうございます。みなさんのおかげです。

運を動かせ

発行日　2015年3月20日　第1刷

Author　杉山大輔

Book Designer　鈴木直之　齋藤俊輔（DIAGRAM）

Publication　株式会社ディスカヴァー・トゥエンティワン
〒102-0093 東京都千代田区平河町2-16-1 平河町森タワー 11F
TEL 03-3237-8321（代表） FAX 03-3237-8323
http://www.d21.co.jp

Publisher　干場弓子
Editor　藤田浩芳

Marketing Group
Staff　小田孝文　中澤泰宏　片平美恵子　吉澤道子　井筒浩
小関勝則　千葉潤子　飯田智樹　佐藤昌幸　谷口奈緒美
山中麻吏　西川なつか　古矢薫　伊藤利文　米山健一　原大士
郭迪　松原史与志　蛯原昇　中山大祐　林拓馬　安永智洋
鍋田匠伴　榊原僚　佐竹祐哉　塔下太朗　廣内悠理　安達情未
伊東佑真　梅本翔太　奥田千晶　田中姫菜　橋本莉奈

Assistant Staff　俵敬子　町田加奈子　丸山香織　小林里美　井澤徳子
橋詰悠子　藤井多穂子　藤井かおり　葛目美枝子
竹内恵子　熊谷芳美　清水有基栄　小松里絵
川井栄子　伊藤由美　伊藤香　阿部薫　松田惟吹　常徳すみ

Operation Group
Staff　松尾幸政　田中亜紀　中村郁子　福永友紀　山﨑あゆみ　杉田彰子

Productive Group
Staff　千葉正幸　原典宏　林秀樹　三谷祐一　石橋和佳　大山聡子
大竹朝子　堀部直人　井上慎平　松石悠　木下智尋　伍佳妮　張俊崴

Proofreader　文字工房燦光
DTP　株式会社 RUHIA
Printing　株式会社シナノ

ISBN978-4-7993-1648-1